U0001856

怎樣看待生命、時間，怎樣面對厄運，怎樣獲得幸福的生活

論生命之短暫

On the Shortness of Life

Life Is Long if You Know How to Use It

Lucius Annaeus Seneca

塞內卡——著
仝 欣——譯

冀劍制——審定

方舟文化

審定序

前往塞內卡藏寶處，挖掘智慧寶藏

有一天，課堂上有個學生做報告。他講了很多關於「人生應該多為他人著想」、「不要貪圖別人財物」、「不要恐懼失敗」之類的，幾乎全是老生常談。最後他大概也發現自己所言毫無深度，於是補了一句，「我覺得這本書裡都是廢話。」

這句話有點惹惱我了。雖然他批評的教科書並不是我寫的，但卻是我指定的。這等於是說，我指定了一本全是廢話的教科書。所以，我很不客氣的回答，「如果老師（我），以及寫這本書的哲學家作者，加上出版此書的原文編輯與中文版編輯，都認同這本書，而你又只從裡面看見廢話，那麼，你或許需要質疑一下自己的閱讀眼光？」

確實，有的時候，當我們匆匆閱讀時，只能看見廢話。因為廢話清楚明白，不用多少大腦就可以瞭解吸收。想要從書裡汲取有用的智慧，非得要仔細閱讀不可。

除了匆匆閱讀看不見精彩智慧之外，有一種態度也是閱讀的障礙。尤其讀哲學的人，常常喜歡用批判的角度閱讀，雖然這是一個好習慣，但是，光會批判，就很可惜了。尤其閱讀不同文化脈絡的古人文字，總是有一些和現代觀點不太一樣的東西，甚至還可能會有過時的思維。眼光焦注在這些地方，就只能看見瑕疵。

其實，在我發表學術論文時，也常會遇到類似狀況。無論多小、多沒意義的瑕疵，總有人喜歡深究，而論文精彩之處，就像不存在一樣。遇到這樣的批判者，我的反應往往都是：「我完全贊成你的意見。」即使他的批判來自於誤解，我也一律這樣說，懶得解釋。用意是，「我沒興趣跟你多談，就用這一句話打發你吧！」當然，並非每次這麼說，都是這個意思。

閱讀就像尋寶

閱讀，尤其閱讀古人，我們需要帶著尋找智慧的眼光，就像尋寶一樣。在塞內卡〈論生命之短暫〉一文中，如果匆匆閱讀，或甚至只看標題，大概就會覺得，生命確實就很短暫啊！這有什麼好說的呢？這不就是老生常談嗎？

很奇怪的是，真的有人會這樣閱讀，讀到的東西和文章裡想要表達的，正好相反。塞內卡要告訴我們，生命短暫一說，根本上只是一個迷思。也就是說，他反對「生命短暫」的觀點。

「那麼，他覺得生命不短暫嗎？這怎麼可能呢？」不！他也不是這樣說的。他要指出的重點是，我們忽略掉那些一直不斷浪費的時光。「那麼，他的意思就是要珍惜光陰嗎？這不也是老生常談。」確實用「珍惜光陰」來解讀塞內卡是適合的。然而這句話本身並不是重點。重點在於，在日常生活中，我們是多麼地浪費時光而不自知，把生命都消耗在各式各樣沒有太大意義的地方。這樣的人生就像根本沒有好好活過，如此一來，怎麼可能不感到短暫呢？

那麼，到底我們如何浪費生命？塞內卡舉了很多面向，幾乎每一個面向，都會讓現代人心驚。例如，我們汲汲於讓他人來肯定自己。這個「他人」有可能是公司老闆、父母、情人或甚至只是路人甲。而這些肯定，往往不存在任何重要的價值，而且為了這些肯定而努力的事情，大多不是內心真正想要尋求的東西。當我們如此盲目地追求了大半輩子，到頭來，發現根本沒有好好發自內心地為真實的自己而活，在這個當下，必然感受到人生苦短。但人生並不是真的過於短暫，而是我們一直沒有好好去過。

就像古希臘哲學家蘇格拉底所言，「未經檢視的生活不值得過。」當我們一直盲目在過這種未經檢視的生活時，在缺乏自覺的當下，也不會感到有什麼問題，甚至還覺得人生有著長得不得了的時間讓我們慢慢揮霍，慢慢打發。直到有一天，突然驚覺時日已近，不再對庸庸碌碌的人生感興趣，想要回歸自己內心的訴求時，才會發現，我們剩餘的時間已經太短。

塞內卡的智慧，可以讓我們提早看見這個迷思。盡早省思人生，不要落入這個生命苦短的人生陷阱裡。

這裡的五篇文章，都隱藏了各式各樣的智慧，等待我們仔細挖掘。在〈論心靈之安寧〉，記錄了人心的平靜歸處。在〈論天意〉，從解說為何好人也會遇見厄運出發，闡述了人生困境的價值，以及最好的面對態度。在〈論閒暇〉，談論閒暇與思考的關連與其重要性。而在〈論幸福生活〉，說明如何獲得幸福人生及其中的迷思，尤其指出大多數人誤將快樂作為人生方向的引導者。這些都是塞內卡文字中的寶藏。

歡迎來到塞內卡的金銀島。敬請細細品味、深度挖掘。如果可以找到其他人沒有發現的寶藏，也請不吝分享。

冀劍制
華梵大學東方人文思想研究所教授

《論生命之短暫》推薦序

人活著的某些時刻，一定會問：「活著有意義嗎？」特別是在面對人生低潮的時刻，不管你有多忙碌，這個問題總能悄悄地襲上心頭，而不解決這個問題，人就無法安生，甚至死不瞑目。面對這樣的大哉問，真的有正確答案嗎？

人該怎麼活才能真正有意義，歷來就有各式各樣的「人生觀」作為回應，其中不乏哲學家。塞內卡就是其中一個。他是斯多噶學派的代表人物之一，該學派面對此問題的回答是：透析事物的真相、努力活出最高版本的自己。簡單來說，人要活得有意義，就得把心力放在真正重要、真的有價值的事物上。

然而，這個回答是既簡單又艱難。簡單在於，只要人們願意仔細思量，就能知道什麼事情對我們是真正重要的，像是衣食無虞（而不是財富自由）、健康（而不是縱慾）、為善（而不是對人刻薄寡恩）等等一些會讓我們過上幸福生活的德行；艱難在於，人們往往容易受到情緒與欲望的擺佈而偏離了人們該踐行的德行目標。

塞內卡在近兩千年前留下來的書信文章之所以仍值得現代人一讀，是因為它們能夠喚起人們內心深處尚存的理智與清明，破除人們對虛幻的執著、覺悟什麼是真正可盼望與追求的，引領人們去過真正有意義的生活。閱讀這些文字，我們能感受到塞內卡親切地與我們說話，旁徵博引的舉例與解釋，平易近人到讓升斗小民都能理解而被說服。

然而，淺顯的文字不代表塞內卡的思想是雜亂而無章的，他的循循善誘來自斯多噶學派的中心思想。值得活的方式，得順應人類的自然天性，身心靈與社群生活，方方面面都得顧上才是順應自然。而要能過上這樣的人生，除了辨明人類的天性何在，更要有決心毅力去貫徹始終。塞內卡的文字有著仔細的概念辨析，精闢地指出我們日常生活中的盲點，幫助我們在踐行時，能夠不偏離真正的人生目標：過真正有意義的生活。這是一種僅靠人們自己的理性能力與高尚品德的自然傾向，就能夠自我拯救的人生哲學。

什麼是值得活的人生，每個人都可以有自己的答案。斯多噶主義提供的僅是一種可能的選項，然而它提供的人生觀，可能是那些沒有任何宗教信仰、渴望以理智為指引，活出自主性的現代人最能夠接受的觀點。也難怪斯多噶主義歷久彌新，甚受理性且智開之人的青睞。讀這本書，看塞內卡怎麼說，入得你心就照著指示努力踐行，當有你一個無悔的人生。

邱獻儀（Lynn）
哲學新媒體專欄作家

導讀

在蘇格拉底（Socrates）逝世後的一個世紀左右，也就是西元前四世紀末至三世紀初，季蒂昂的芝諾（Zeno of Citium）在雅典城邦創立了一個新的學派。最初，他的追隨者們被稱為「芝諾學派」（Zenonians），但由於芝諾經常在雅典公民廣場西北角的「畫廊」（Stoa Poikile）散步、講學，他們後來就被稱為「畫廊處的人」（Men from Stoa），學派也因此被稱作我們今天所熟知的「斯多噶學派」或「廊下派」（Stoics）。

該學派歷史悠久，至少長達三個世紀。通常認為，該學派的發展歷程大致可分為三個時期——❶早期，主要指學派創立到西元前二世紀晚期，代表人物有芝諾、克里安西斯（Cleanthes）與克利西波斯（Chrysippus）；❷

中期，主要指希臘化時期，主要代表人物有巴內修斯（Panaetius）與他的學生波希多尼（Posidonius）。在這段時期，學派的研究中心逐漸從雅典轉移到其他城市，如：羅馬；❸晚期，主要指羅馬帝國時期，代表人物有元老院議員塞內卡、奴隸愛比克泰德（Epictetus）與皇帝馬可・奧理略（Marcus Aurelius）。但實際上，斯多噶學派的理論影響要更加久遠，我們在中世紀經院哲學、蘇格蘭情感主義、史賓諾沙（Baruch Spinoza）、蒙田（Michel de Montaigne）、帕斯卡（Blaise Pascal）、康德（Immanuel Kant）等人的理論中都能清晰地看到斯多噶思想的遺產。時至今日，在美國著名古典學家、政治哲學家瑪莎・努斯鮑姆（Martha Nussbaum）等人那裡，我們依然能看到斯多噶學派寶貴的思想財富。

就這三個階段而言，我們可以明顯地看到它們之間的融貫性與相似性；但與此同時，他們之間的差異也是非常鮮明的。早期斯多噶主義者依然受到蘇格拉底的影響很深，尤其受到小蘇格拉底學派中的犬儒主義（Cynicism）

影響很深，他們的主要論敵是伊比鳩魯學派（Epicureanism）。因而，他們討論問題的概念、方式與關切點依然與整個古希臘哲學十分密切。而中期的斯多噶主義則體現出了一種折衷主義，他們主要透過吸納柏拉圖主義（Platonism）、亞里斯多德主義（Aristotelianism）等學派的哲學內容，以應對懷疑論的威脅。最後，晚期斯多噶主義的最大特色則是他們逐漸拋棄了希臘哲學式的研究方式，而是傾向於直接利用早期斯多噶學派的哲學術語進行道德勸誡。換言之，按照今天的視角來看，他們更像是勸人向善的道德家，而非從事理論研究的哲學家。

正是由於晚期斯多噶學派的這個特點，他們的作品更容易被大眾所接受。幾乎所有人，在不需要任何哲學背景的前提下，都能從他們的作品那裡體味什麼是人生，以及我們該如何生活。此外，晚期斯多噶主義相對更加流行的另一個重要原因則是文獻問題。由於早期斯多噶學派的原著留存下來的很少，而且大多是一些殘篇。我們便只能透過第歐根尼・拉爾修（Diogenes

Laertius）、西塞羅（Marcus Tullius Cicero）等人的轉引或論述去瞭解他們，這就為我們的研究增添了很多困難與不確定性。相較而言，晚期斯多噶主義者的著作則相對完整地保存下來。

其中，本書的作者小盧修斯·阿內烏斯·塞內卡（Lucius Annaeus Seneca，西元前一年～西元六五年）就是一位多產的作家，甚至可以說是斯多噶學派中最多產的一位。他留下了許多作品，尤為著名的便是他的《道德書簡》（*Epistles*），也就是本書的母體。他本人曾被稱為小塞內卡，這是因為他的父親是羅馬元老院的議員，享有很高的聲譽。小塞內卡是尼祿年輕時候的導師與顧問，但他卻沒有得到尼祿的青睞。最終，他為了逃避尼祿的憤怒而選擇了自殺。顯然，這種失敗的輔佐經歷並不影響他成為人類歷史上最著名的哲學家、政治家之一。

本書則選擇了塞內卡在今天依然非常流行的五篇信箋與文章，分別是：〈論生命之短暫〉、〈論心靈之安寧〉、〈論天意〉、〈論閒暇〉和〈論幸福生活〉。它們經常出現在各種摘編本裡，並且每篇都有多個譯本。

〈論生命之短暫〉（*De Brevitate Vitae*）想要告訴我們，與其抱怨生命太短，不如學會珍惜時間。因為只有庸人們才會放縱欲望，才會為了財富、權力等外在善一生處心竭慮。他們浪費時間且不自知，到頭來卻還要抱怨時間不夠。相反，只有熱愛智慧的人，「只有潛心鑽研哲學的人，才是真正悠閒自在、真正活過的人」。

有學者認為，〈論心靈之安寧〉（*De Tranquilitate Animi*）在塞內卡的著作中是獨一無二的，因為只有它真實地體現了塞內卡與塞雷努斯（Serenus）兩人之間的交流。這篇文章同樣說明了心靈之困擾主要源於我們對外在事物的執著。於是，他建議我們要實現靜心，要在履行自己政治義務的同時，熱衷於智慧與沉思。

這裡需要強調的是，「心靈之安寧」或「靜心」其實是古希臘倫理學中一個非常重要的概念，即 εὐθυμία/euthymia。該術語最早得到了德謨克利特（Democritus）的重視，主要指靈魂處於好的狀態之中，或各部分達到了均衡，沒有鬥爭與紛擾。因而，euthymia 便是人生中最值得追求的一個善／好，或一個目的。普魯塔克（Plutarchus）亦曾專門撰文討論過這個概念。

〈論天意〉（*De Providentia*）在早期有一個很長的標題，叫〈為何有些不幸會發生在好人身上，儘管天意存在〉，也就是該文開篇所提到的那個問題。在這裡，塞內卡表達了斯多噶學派常見的一個倫理觀點，即：那些看似不幸的事情，其實對我們而言都是有益的。或者說，現實所發生的一切都是最好的安排，透過智慧，我們都能從中獲益。直到今天，我們對這種想法似乎也不陌生。但我們樸素的想法，其實和斯多噶學派的觀點還是有些背景性與框架性的差異。我也曾撰文區分過斯多噶學派的觀點與自欺欺人的阿Q精神等類似現象有何不同，這裡就不再贅述了。

另外，這個問題還與斯多噶學派的自然觀或宇宙觀有關。簡言之，他們認為自然或宇宙體現了一種完美的理性與智慧（這種觀點的繼承者則是史賓諾沙與萊布尼茲〔Gottfried Wilhelm Leibniz〕等），並且萬事萬物都有一種必然性（這與他們的論敵——強調偶然性的伊比鳩魯學派針鋒相對），因而「以惡報善」似乎違背了這種宇宙觀。所以，這個問題的答案，不僅是要安慰那些遭遇厄運的人，而且還有助於他們維繫其自然學理論的正確性。

〈論閒暇〉（*De Otio*）是古希臘常見的一個話題，它涉及到古希臘哲人長久以來所爭論的「政治／實踐生活」與「哲學／理論生活」之間的張力。亞里斯多德在《政治學》中，曾經明確區分了閒暇（σχολή/scholē）與消遣、放鬆、娛樂等之間的不同。簡言之，閒暇不以快樂為目的，也不是為了滿足生活必需，而是為了高尚和自由，它是因其自身故的。於是，只有智慧之人，才能真正享有閒暇。而在該文中，塞內卡則透過討論閒暇，再次回應了人們在一生中應該如何應對入世與出世之間的關係。在他看來，投入到公民生活之中與享受閒暇之間，並不存在實質性的衝突。

最後，〈論幸福生活〉（*De Vita Beata*）則討論了古希臘倫理學中最重要的一個概念——幸福（εὐδαιμονία/eudaimonia）。除了昔蘭尼學派（Cyrenaics）之外，幾乎所有的古希臘倫理學派都把幸福作為人生的最終或最高目的，只是他們對「幸福」的解釋不盡相同。就此而言，包括塞內卡在內的斯多噶學派認為，幸福的充分必要條件是理性或美德。換言之，只要我們擁有了理性或美德，我們就獲取了幸福。同時，也只有理性或美德是獲取幸福的手段，而所有的財富、權力等外在善都無助於我們實現這個目的。

囿於篇幅所限，我就簡單介紹到這裡。由衷地希望每一個讀者，無論是否贊同，都能從閱讀塞內卡這裡找到智慧、幸福與靜心。

陶濤
南京師範大學哲學系教授
清華大學哲學博士，劍橋大學訪問學者

目次

論生命之短暫

DE BREVITATE VITAE

那些被瑣事纏身的人，
只有在生命終結時，
才意識到時間的存在。

1

保利努斯[1]啊，很多人都抱怨大自然吝嗇，因為她賦予我們的生命太過短暫。時間總是飛馳而過，絕大多數人還沒有準備好去擁抱它，生命就已經走到了盡頭。於是，他們把時間的流逝視為世間最大的惡——並非只有凡夫俗子和不愛思考的芸芸眾生才有這種不滿，即便是功成名就的傑出人士，也會為此抱怨。因此，偉大的醫學之父[2]會說：「人生苦短，藝術不朽。」連亞里斯多德[3]這樣的智者，都不免缺乏智慧地表達過對時間流逝的不滿。在亞里斯多德看來，自然賦予了動物更長的生命，讓牠們擁有五倍甚至十倍於人類的壽命；與此同時，肩負著更神聖、更廣闊使命的人類，生命卻短暫很多，這是不公平的。然而事實是，生命並非短暫，而是我們荒廢了太多，如能善加利用，人就有足夠多的時間創造豐功偉績。但是，如果將時間浪費在漫不經心的奢靡和毫無意義的活動上，那麼，恐怕只有在死亡降臨時，我們

※本書凡出現注釋，若無特別說明，均為譯註。

1 Pompeius Paulinus，即龐培．保利努斯，塞內卡的好友，西元四八～五五年，他在羅馬負責糧食的分配。

2 此即指希波克拉底（Hippocrates），西方醫學奠基人，被西方尊為「醫學之父」。

3 西塞羅認為亞里斯多德的學生泰奧弗拉斯托斯（Theophrastos）曾說過一句幾乎相同的話。此處可理解為引用有誤，也可以解釋為塞內卡有意地將偉大的醫生希波克拉底與同樣偉大的哲學家亞里斯多德並列放在一起。

才會意識到它早已在不經意間溜走了。因此，生命並非短暫，而是我們把它變得短暫；自然並非吝嗇，而是我們浪費了太多。這就好像落入敗家子手中的巨額財富，可以被頃刻之間揮霍殆盡。但如果託付給理性的管理者，即便只是微薄的資產，也一定會逐漸增長。生命也同理，管理得當，就會得到充分的延長。

2

事實上，我們有什麼好抱怨自然的呢？她已足夠善良。懂得如何利用，你的生命就會變得充裕。但看世間這些凡夫俗子——有人成了貪欲的奴隸；有人被無用的工作默默消耗；有人在酒精中麻醉沉迷；有人在庸碌懶散中虛度生命；有人為政治野心疲憊不堪，每天看別人的眼色行事；有人被貪欲驅使，為了金錢四處奔波；有人窮兵黷武，要麼熱衷發動戰爭，要麼在被攻擊的擔憂中惶惶不安；有人選擇花費時間去侍奉大人物，卻又被大人物不懂感恩的態度折磨得身心疲憊；很多人不是覬覦別人的金錢，就是抱怨自己的財產；很多人沒有明確的目標，在反覆無常和隨波逐流的浮躁中不知滿足；很多人沒有人生追求，就在他們懶洋洋打著哈欠時，死神悄悄地就將他們帶走了——這些情形都太過常見，以至於我不得不認同那位偉大詩人的名言：**「我們真正活過的只是一小部分生命而已。」**[4]的確，剩下的都不能算生命，最多只能算是時間。惡從四面八方湧來，對人們展開猛烈的攻擊，讓他們沒法看清真相，迷失在自己的欲望中，無法找回真正的自我。即便能偶然收穫一絲平靜，但這就像深海中的波浪在風停息後也不會真正消失一樣，他們依然會在內心深處輾轉反側，欲望讓他們遠離了真正的安寧。你以為我只是在說那些公認的壞人嗎？看看那些讓眾人羨慕的幸運兒吧：來自上天的恩惠讓他們喘不過氣。多少人為財富所累！多少人為了炫耀才華，整日處心積慮，滔滔不絕！多少人終日縱欲，憔悴枯槁！多少人被門客包圍，自由全無！總

4 出自於一位姓名不詳的詩人。

而言之，無論是平民百姓還是達官顯貴，只要略加觀察就會發現——一些人在尋求法律援助，另一些人在提供相應的幫助；一些人在接受審判，另一些人在為他們辯護，還有一些人要負責審判。沒有人關注自身的需求，大家都在為別人的利益而活。看看那些所謂的名人，你會發現他們有一個明顯的標誌，那就是，甲的生命是為乙而存在的，乙的時間又奉獻給了丙——沒有人在意自己。還有人常常會表露出一種非常愚蠢的憤怒：他們抱怨大人物的冷漠，因為大人物沒有時間給到他們想要的關注。可是，如果你連留給自己的時間都沒有，又有什麼理由去抱怨別人的傲慢呢？當然，無論你是誰，偶爾還是可能被大人物關注到的。他們即使看起來居高臨下，有時也會聽你說話，或是允許你同行。可你從來都不會賞臉看看自己，聆聽自己的內心。因此，你沒有理由要求任何人的關注，因為你看起來並不是缺少他人的陪伴，而是無法忍受自己的陪伴。

3

即便世間最優秀的智者願意聚在一起思考這個問題，他們恐怕也無法精準地描述對人類滿腦子漿糊的驚訝。人們不允許他人覬覦自己的土地，不惜動用武力去解決微小的邊界糾紛，但卻允許他人剝奪自己的生活——不可思議，他們甚至會主動邀請他人來掌控自己的人生；人們不願意分享自己的金錢，卻能讓別人來瓜分自己的生命；人們吝惜個人財產，但對揮霍時間卻毫不在乎，即使時間才是唯一值得珍惜的財富。我很想抓住一個老年人對他說：「現在你已經走到了生命的盡頭。你活了快一百年了，說不定更多。那麼，不妨來盤點一下你的人生吧！想想你有多少時間給了放款人，又有多少給了情婦、資助人或是門客。再想想那些因為和妻子吵架、懲罰奴隸以及為了所謂的社會責任不得不四處奔波而浪費的時間。當然，還有那些因為不注意身體而被疾病占用的時間和那些被庸庸碌碌浪費的時間。把這些都算上，你會發現，真正用於生活的時間少得可憐。再想想你何時有過明確的目標，何時按計畫安排了自己的生活，何時隨著自己的心意活過，何時可以不掩飾真性情，何時思想不受干擾，這漫長的一生又真正做出了什麼成就。想想多少人剝削過你的時間，而你卻對此一無所知？那些無用的憂愁、無知的喜悅、貪婪的欲望和世俗的引誘——這些浪費了你多少生命？你真正留給自己的時間少之又少。意識到這一點，你就會明白，壽命雖長，人卻早就死了。」

為什麼會這樣？因為你覺得自己會長生不老。你意識不到生命的脆弱，注意不到時間的流逝，於是你在時間永遠充裕的錯覺中將其白白浪費——而事實是，你為某個人或某件事浪費生命的那一天，很可能就是生命的最後一天。面對恐懼，你知道自己終有一死；面對欲望，又覺得自己能長生不老。你經常會聽到人們說：「到了五十歲我就開始過悠閒的生活，六十歲便會放棄一切公職。」可是，你憑什麼保證自己能活到那一天？你以為凡事都會按你的心意運轉嗎？只把餘下的殘羹冷炙的時間留給自己，把那些不能再用於他處的時間用來思考人生，你難道不覺得慚愧嗎？生命終結時才想要開始真正地生活，這未免也太晚了。忘記人必有一死，把合理的計畫推遲到五、六十歲，這是多麼愚蠢啊！你以為那個時候就可以真正生活了，卻忘了很少有人能活到那個時候！

4

仔細觀察你會發現，不少位高權重的人都愛在言語中表達對閒暇的渴望和讚美，彷彿這才是最大的福氣。很多時候，他們都希望從高位全身而退。畢竟，即便沒有外界的攻擊或動盪，好運有時也會在一夜間灰飛煙滅。

被奉若神明的奧古斯都[5]，無疑是命運的寵兒。有生之年，他從未停止過對閒暇的渴望，試圖從繁重的公務中尋找片刻安寧。他不管說什麼，最後

5 Gaius Octavius Augu-stus，即羅馬帝國開國皇帝屋大維，統治古羅馬長達四十餘年。他的登基結束了古羅馬長達一個世紀的政治混亂、內戰和軍事暴政，在死後被元老院尊為神明。

都會回到同一個主題，那就是對悠閒生活的期待。總有一天他要為自己而活——他喜歡用這一虛假卻甜蜜的幻想自我寬慰，這樣就能心甘情願地勞碌。在一封致元老院的信中，他承諾自己的退休生活不會喪失尊嚴，或是和此前的輝煌成就有落差。在信中他寫道：「當然，實現這些目標遠比承諾更重要。但鑒於美好的現實還很遙遠，我倒可以在描述這種未來的過程中感到滿足。」可見，閒暇對奧古斯都來說太珍貴了，以至於他無法在現實生活中感受它，只能在想像中獲得安慰。這位有權掌控一切、能夠決定國家和百姓命運的偉人，他最幸福的時刻，卻是想像自己能在未來某個時候放棄這些權力。他經歷過，因此明白，那些閃耀在每寸土地上的榮耀，傾注了他多少汗水，又隱藏了多少焦慮。為了擁有這一切，他不得不和同胞征戰，和同僚鬥爭，最後向自己的親人宣戰，一時間血流成河。

他常年征戰於馬其頓、西西里、埃及、敘利亞以及當時所有人們聽說過的國家——是的，血洗羅馬後，他又開始向國外宣戰。當他在阿爾卑斯地區

6 穆列納（Murena）曾參與凱皮歐（Caepio）領頭的一個陰謀，兩人於西元前二二年被處死。

重建和平、擊退帝國中部的敵人時，當他把疆土擴展到萊茵河、幼發拉底河和多瑙河一帶時，穆列納、凱皮歐[6]、雷比達[7]和埃格納提烏斯[8]等人卻在羅馬本土蠢蠢欲動，試圖推翻他的統治；他尚未挫敗這些人的陰謀，他的女兒[9]和那些因通姦而發誓效忠於她的貴族青年，以及埃烏勒斯和那個與安東尼[10]聯手的第二個可怕的女人，還要讓他在風燭殘年依舊惶恐不安。日復一日，他將身邊的毒瘤一一切除，但新敵人總會源源不斷地出現，就好像充血的軀體，鮮血總能找到地方噴湧而出。因此，他渴望閒暇。想到這一點，他就多少能從繁重的勞碌中解脫片刻。這位能夠滿足世人心願的偉人，他的所求不過如此。

5

當馬庫斯·西塞羅[11]被捲在了一些公開的敵人，或是靠不住的朋友（像

7 Lepidus，此雷比達為後三頭同盟之一雷比達之子，因預謀在奧古斯都從埃及戰場返回途中向他行刺而於西元前三〇年遭到處死。

8 Egnatius，埃格納提烏斯，平民政治家、保民官，於西元前一九年遭到處死。

9 指朱莉亞（Julius Caesar），因通姦被奧古斯都流放。

10 Mark Antony，指馬克·安東尼，古羅馬政治家和軍事家。西元前三三年三頭同盟分裂後，在與屋大維的羅馬內戰中戰敗，與埃及女王克麗奧佩脫拉七世前後自殺身亡。

11 馬庫斯·西塞羅，古羅馬著名政治家、演說家、雄辯家、法學家和哲學家，因善於雄辯而成為羅馬政治舞臺的顯要人物，後被政敵馬克·安東尼殺害。

是喀提林[12]、克洛狄烏斯[13]、龐培[14]和克拉蘇[15]）之間時；當他在席捲全國的動盪中不得安寧時，雖然整個國家已難逃沒落，西塞羅還是試圖拯救其於危難之中，最終卻仍在這場暴風雨中隕落。國家繁榮穩定時，他沒能獲得安逸；國家危機四伏時，他沒能保持耐心。他多次詛咒執政官的職位，可與此同時，又對它大加讚美——這些讚美也不無道理。當龐培被打敗，其子在西班牙試圖挽回局面時，西塞羅曾致信其友阿提庫斯。他在信中寫道：「知道我在幹什麼嗎？我正在圖斯庫蘭別墅裡過著半囚禁的生活。」他哀歎過去的生活，抱怨當下的狀況，對未來充滿了絕望。西塞羅將自己的生活比作「半囚禁」，但說實話，作為一位智者，他不應該使用這樣淒慘的字眼。他明明可以打破這種狀態，去享受真實徹底的自由，做自己命運的主宰，過上比一般人更加精彩的生活。畢竟，對於這樣的天之驕子而言，有什麼是他做不了的呢？

12 Lucius Sergius Catilina，喀提林，曾與西塞羅競爭執政官職位，失敗後企圖武力推翻政府。西塞羅得知後向元老院揭露其陰謀並宣布其為公敵，一舉粉碎了喀提林的陰謀。

13 Publius Clodius Pulcher，克洛狄烏斯，西元前五八年任古羅馬保民官，是西塞羅的政敵，曾提出針對西塞羅的放逐法案。

14 Gnaeus Pompeius Magnus，龐培，前三頭同盟之一，羅馬內戰被凱撒打敗之後逃亡到埃及，被托勒密十三世的寵臣伯狄諾斯刺死。

15 Marcus Licinius Crassus，克拉蘇，前三頭同盟之一。

6

李維烏斯．杜路蘇斯[16]，他精力旺盛、勇氣過人。他曾提出法案，反對格拉古兄弟[17]災難性的改革政策，由此得到大批義大利人的支持，但他提出的措施卻無法取得實質性的成功。可是既然已經提出了，就沒法終止，然而又無從貫徹。據說他曾詛咒自己動盪不安的生活，還說從小就沒享受過假期，因為他還在尚未成年、一身年輕人裝扮的時候，就已經有勇氣站在陪審團前，為自己的被告辯護了。他的發言對法庭產生了巨大影響，後者被迫做出了有利於他當事人的判決。小小年紀就有這樣的雄心壯志，未來還有什麼是實現不了的呢？不過，你可能已經猜想到了，不管是在私人還是公眾場合，這種早熟和勇氣都往往會帶來災難性的麻煩。他從小就在廣場上製造了不少麻煩，抱怨沒有假期未免為時過晚。杜路蘇斯是在腹股溝突然受傷後倒下的，我們尚不清楚他是否自殺。一些人懷疑他不想活了，但所有人都認為

16 Livius Drusus，李維烏斯．杜路蘇斯，古羅馬保民官，反對格拉古兄弟關於特許公民權等改革。

17 即指提比略．格拉古（Tiberius Gracchus）和其弟蓋約．格拉古（Gaius Gracchus），羅馬共和國著名的政治家，為平民派之領袖。

他死得恰逢其時。

我沒有必要再舉這類人的例子了——雖然能過上超越凡人的幸福生活，他們卻厭惡自己的人生。可惜，抱怨歸抱怨，他們並沒有因此改善自己或他人的生活，總是在發發牢騷後又回歸到過去的狀態中。

可以肯定的是，即便人類能擁有長達千年的壽命，他們真正擁有的時間依然很少。惡習總能吞噬時間。那些本應擁有的、雖轉瞬即逝但可以透過理性加以延長的時間，依舊會不可避免地流逝。人們從不努力將其把握，或是試圖延遲它的流逝速度。相反，他們把它視為用之不盡的可替換資源，一而再再而三地浪費。

7

在我看來，其中最令人不齒的還要屬終日沉湎於酒色的人——這無疑是對時間最糟糕的浪費。沉浸在對榮耀的幻想中雖然虛妄，但多少還有值得尊敬的成分。那些熱衷發動戰爭、有著偏執仇恨的狂熱分子固然有罪，但至少還有那麼點氣概，而只知道貪食好色的人卻失敗得毫無尊嚴。看看這類人是如何打發時間的——他們把時間浪費在記帳上，浪費在欺騙別人和擔心被別人欺騙上，浪費在向別人獻殷勤和被別人奉承上，浪費在支付和收取保釋金上，浪費在無止境的晚宴（現在已經被視為公務活動）上。總之，你會發現，這些活動，無論好壞，都已經讓他們忙碌得無從喘息。

人們普遍認為，過分沉迷於某件事，反而很難取得真正意義上的成功，因為這樣會對其他事情心不在焉，無法將其深入吸收。大腦會不自覺地排斥試圖強行植入的資訊。當然，沉迷於修辭學和通識教育除外。對沉迷於某項活動的人來說，生活最不重要，雖然沒有什麼比生活更難學。無論在哪個領域，人們都可以找到諸多老師。事實上，有些孩子都能精準透徹地掌握某一學科，有能力充當老師的角色。但學會如何生活卻要花費一生的時間，學習如何面對死亡也同理——對此你或許會有點吃驚。這也是為什麼那麼多優秀的人會放棄金錢、事業和享樂這些身外之物，全身心研究如何生活。即便如此，很多人臨終時還是認為自己沒有學到生命的真諦——智者尚且如此，更不用提芸芸眾生了。相信我，如果一個人能確保不浪費時間，那他毫無疑問是偉大、超越人類局限的智者。他將所有可支配的時間都留給了自己，做到這一點才能算真正的長壽。他不浪費任何轉瞬即逝的時刻，也不允許別人霸占自己的時間。作為時間小心翼翼的守護者，在他看來，世間一切都不值得用時間交換，他也因此擁有了足夠多的時間。相比之下，允許他人掌控自己生活的人，顯然不會有太多時間。

這並不是說這些人意識不到自己的損失。事實上，不少擁有巨大財富或權力的人，都常把命運的眷顧視為負擔。每當他們被客戶團團圍住、在法庭上義正詞嚴，或是在履行其他痛苦的榮耀職責時，你就會聽到他們的抱怨：「我都沒有自己的生活！」他們當然不可能有自己的生活。那些有所求的人，總能將你從自己身邊拖走。想想看，那個被告偷走了你多少時間？那個候選人偷走了你多少時間？那個為繼承人送葬後精疲力竭的老太太又偷走了你多少時間？還有那個假裝生病，只為挑起遺產受益人貪欲的男人？那個與你結交不是為了友誼，而是為了炫耀的名流朋友？把這些統統考慮進去，再來盤點生活，你就會發現留給自己的時間太少了，只剩下一些無用的零碎時間。一個人剛得到渴望已久的官職，又開始嚮往無官一身輕的生活，不停嚷嚷：「日子何時才能到盡頭？」一個人認為組織比賽很了不起，可一旦目標達成，他又開始抱怨：「何時能擺脫這些工作！」演講者在集會上被人山人海地包圍，連聲音到達不了的地方都擠滿了民眾，但他卻說：「我什麼時候才能有假期？」每個人都帶著對未來生活的渴望和對當下生活的厭倦奔波忙碌著。但智者會將時間花費在自身需求上，將每天都過成最後一天。他們不渴望也不恐懼未來，畢竟，未來已不能給他們帶來新的樂趣了。他們嘗試、享受過了一切，剩下的就安心交由命運處置。他們的生活充滿了安全感。沒有什麼能被奪走，無論命運作何安排，在他們看來都只是錦上添花，就好像賜給酒足飯飽的人更多的美味佳餚，雖不需要但也可以接受。因此，你不能僅憑一個人的白髮和皺紋就認為他活了很久——他或許長壽，但並不一定能算活得久。這就好比長途旅行的人剛離開港口就遭遇了暴風雨，雖然被狂風吹得團團轉，好像奔波了很久，但其實只不過是在原地打轉罷了。

8

人們經常占用他人的時間，但讓我震驚的是，被占用時間的人也總能欣然接受。雙方可以在占用時間的理由上達成共識，卻很少關注時間本身，彷彿付出時間不算付出一樣。明明是在揮霍世間最珍貴的商品，卻因為看不見摸不著、難以評估，人們就覺得時間廉價甚至根本沒有任何價值。作為對勞動、付出或服務的回報，人們更樂於接受養老金和報酬。因為計算不出時間的價值，他們就像不花錢一樣大肆揮霍。但如果死亡突然來臨，他們又會向醫生祈求長壽；如果要面對死刑的處罰，他們又會不惜一切去保全性命。他們對待時間的態度如此前後矛盾。假設人們能像計算過往的時間一樣，統計出人生餘下的壽命，那些年數不多的人就會驚慌、警覺，必將小心翼翼地使用時間。遺憾的是，即便微小，人們也更願意管理確切的數目，卻忽略了時間這樣不知何時就會戛然而止的東西。

但你不要以為這些人意識不到時間的寶貴。他們經常會對所愛之人說，願意為他們留出自己的時間，也的確在一無所知的情況下付出了時間。但很遺憾，雖然付出了，對方卻沒有任何收穫，他們自己也不知道損失了什麼，於是能忍受時間的流逝。時光不能倒流，風華不能再現。生命一旦開始，就會按照固有的軌跡走下去，不會為任何人變化或倒流。它默默地向前走，不會用任何動作去提醒你注意這種無形的損耗。國王的指令和人民的意志都無法延長時間。從第一天開始，生命就一路前行，不會中止也不會轉向。結局又如何呢？就在生命匆匆流逝時，你卻被不重要的事情分散了精力。死亡降臨時，你雖然尚未準備充分，但也只能被迫接受。

9

世上最愚蠢的行為莫過於吹噓自己的遠見卓識。那些自認為目光長遠的人，總在為改善生活拚命工作。他們一直在試圖管理自己的生活，目光總定位在遙遠的未來。然而，拖延才是對生命最大的浪費。它總能在一天剛到來時就將其奪走，未來的承諾剝奪了享受當下的權利。期待是生活最大的阻力，因為期待依賴於未來，卻丟掉了當下。試圖安排那些本應由命運決定的東西，就放棄了本應由自己決定的東西。你在眺望什麼，又在為什麼而努力？既然未來不可知，那不妨活在當下。聽聽大詩人的呼喊吧！彷彿被神的啟示照亮，他說出了富有哲理的詩句[18]：

18 出自古羅馬詩人維吉爾（Publius Vergilius Maro）的《田園詩》。

可憐的凡人啊，
生命中最美好的一天，卻總被最先丟棄。

詩人想問的是：「為什麼你還在徘徊？還在無所事事？要是不將這一天緊緊抓住，它可就要溜走了。」事實上，即便能夠抓住，它最終也還是會跑掉。因此，你必須能讓使用時間的速度和時間流逝的速度相匹配。就好像面對隨時會枯竭的小溪，你一定要趁機多喝點水。在譴責無休止的拖延時，詩人克制地使用了「最美好的一天」這樣的措辭，而非「最美好的歲月」。一個人無論多貪婪，在面對大把時光時，卻總能表現出漠不關心和慵懶閒散（雖然時間消逝得最快）。詩人是在提醒你關注當下——也就是很快就會溜走的這一天。對於可憐的凡人，也就是那些瑣事纏身者，毫無疑問，最美好的一天總是被最先丟棄。他們雖然思維幼稚，年齡卻早已不饒人，於是只能手忙腳亂、胡裡胡塗地接受這一事實。他們毫無準備就和老年突然打了照面，卻不知這個結果是一天一天累積而成的。就好像用交談、閱讀和冥想打發途中時間的旅行者，不知不覺就會到達目的地。永不停歇、飛速前進的生命旅程也一樣，不管清醒還是沉睡，時間流逝的速度都不會改變。那些被瑣事纏身的人，只有在生命終結時，才意識到時間的存在。

10

如果要將這一主題分成不同的小標題來論述，我能找出大量證據，論證被瑣事纏身的生活有多短暫。但法比亞努斯[19]（他不是當下的學院派哲學家，而是一位真正的老派哲學家）常說，擊退狂熱要靠蠻力而非邏輯，就像擊潰敵軍要靠猛烈進攻而非小刀小槍一樣。惡習不能只是戳一戳，必須被徹底粉碎。話雖如此，為了讓人們意識到自己的錯誤，我們還是應該教導，而

19 Fabianus，法比亞努斯，為古羅馬修辭學家、哲學家。

不是放棄他們。

人生可以分為三個階段：過去、現在和未來。現在轉瞬即逝，未來飄忽不定，只有過去業已定型。命運無力改變過去，任何人都不能，但這也正是瑣事纏身者丟棄的：他們總是沒有時間回頭看。即便想要回顧過往，重溫不堪的往事也不令人愉快，因此，他們不願意回想被虛度的時光。更何況，當初那些被短暫的快樂掩蓋的惡習，在回顧中卻變得清晰，於是他們更沒有膽量去重溫過往。沒有人願意回憶，除非當時所有的行為都能通過內心的審核，而內心無法自欺欺人。因此，不敢回憶過去的人，往往都是貪得無厭、心高氣傲、小人得志、背信棄義、巧取豪奪、揮霍無度之輩。可是，過去才是生命中最神聖、最獨立的光陰。唯有過去能超越人類一切風險，不受命運的擺佈，不被欲望、恐懼或疾病擾亂。過去是屹立不倒、永恆存在的財產，任何事都不能將其打擾或奪走。面對現在，我們只能一點點地使用、一天天地過日子，但我們卻能隨時召喚過去，隨意調用它、審視它。可惜，瑣事纏身的人沒有時間這麼做。只有安詳、沒有羈絆的靈魂，才可以自由游走於生命的各個階段；瑣事纏身的人則套著枷鎖，再也不能回頭看，他們的生命就這樣消失在深淵中。如果容器沒有底部，往裡面倒再多液體也無濟於事；如果生命沒有依託，擁有再多時間也毫無用處，它還是會從思維的裂縫中流走。當下的時間總是短暫，短暫到讓人意識不到。當下是流動的、奔流不息的，只在到來前停息過，此後便再無耽擱，就像天空和星辰，斗轉星移，永不停歇。被瑣事纏身的人只關注現在，可現在短暫到抓也抓不住。更何況，他們還要被各種事情分心，更不可能充分利用現在的時間。

11

總而言之，你想知道他們的人生為何如此短暫嗎？看看他們對長壽的渴望。風燭殘年的老人為多活幾年虔誠禱告。他們假裝還年輕，並用這種假像來安慰自己，就好像騙過了自己就能欺騙命運一樣。可是，當疾病逼得他們走投無路，必須面對死亡時，他們又那樣恐懼，彷彿這不是生命的必經階段，他們是被死神強行帶走的。他們說自己是傻瓜，從未真正生活過，如果有機會康復，一定會悠閒地度過餘生。接著，他們就會感慨，之前的辛苦有多麼徒勞。費盡心力得來的東西，他們卻根本沒機會享用。但對遠離瑣碎的人來說，他們的生命卻足夠充裕。他們不浪費、不揮霍時間，不受命運的擺佈，不在漫不經心中虛度，不因無故施捨而浪費，更不會白白丟棄時間。他們合理安排了時間，即便壽命不長，留給自己的時間也足夠多。不管死神何時降臨，智者都能邁著堅定的步伐坦然迎接。

12

或許你要問，文中反覆提到的瑣事纏身者到底指哪些人？比如那些被看門狗逐出法庭的人；那些要麼被支持者體面地壓垮，要麼被反對者輕蔑地擊垮的人；那些因為公務不得不離開家庭，在他人門前奔波的人；那些為了不光彩的利益圍著執政官打轉，卻最終身敗名裂的人。但我想說的還不僅僅是這些人。很多人甚至在休息的時候也要被瑣事打擾：他們可能住著鄉間別墅，一個人躺在沙發上享受安寧，卻不知如何陪伴自己。這樣的生活不是悠閒，只能算無所事事。想想那個貌似休息，卻焦慮地擺弄著柯林斯銅器的人。他將大量時間浪費在生銹的鐵片上，只因它的價格可能會被某個狂熱的收藏家炒得離譜；那個坐在角鬥場（說來慚愧，我們竟有這樣惡俗的愛好，這甚至都不是羅馬的發明），聚精會神地盯著角鬥士的觀眾；那個花時間將牲畜按年齡和顏色分類的人；那個為競技場上的勇士提供贊助的人——你覺得他們悠閒嗎？還有那個在理髮上浪費很多時間的人，頭髮要一絲不亂，一會兒覺得這裡不夠整齊，一會兒又要修剪兩邊稀疏的頭髮，好讓它們恰好遮住額頭，雖然明知道再怎麼打理，剪掉的頭髮很快還會長出來。理髮師一旦稍有不慎，他就大為光火，彷彿修剪的不是頭髮，而是整個人！要是哪根頭髮沒被剪好，或是打理得不夠仔細，甚至只是有幾根沒被束入髮圈，他就會異常憤怒。你覺得這樣的人悠閒嗎？這些人寧願國家一團糟，也不能讓頭髮一團糟；寧願國家不安全，也不能讓髮型不體面；寧願不高尚，也不能不整潔！你覺得這種在梳妝打扮上浪費時間的人悠閒嗎？還有一群人，他們每天忙於作曲，花大量時間聆聽和研究音樂，把原本簡單悅耳的旋律，故意扭曲成不自然的調式。他們成天在腦海中想像各種旋律，手指也要忍不住跟著打節拍，即便正在出席嚴肅甚至是悲傷的場合，這些人也總會忍不住哼出聲來，這不是悠閒，而是懶散地工作。還有那些宴會！天哪，我真是無法將宴席和悠閒聯繫在一起！他們憂心忡忡地擺放餐具，為侍者精心打理服裝，焦慮地指揮著廚師準備菜肴，再看看那些一臉溫順卻又緊張兮兮地跑來跑去的奴隸。他們把家禽熟練地切成合適的分量，小心翼翼地為喝醉的賓客拭去口水。如此這般努力，只為博一個優雅、有品位的好名聲。不鋪張浪費一下，他們都不知道如何正常吃飯。

我也不會稱這類人悠閒：他們坐著轎子，準時在一個又一個場合出現，彷彿哪個都離不開自己。他們需要被提醒什麼時候沐浴、什麼時候游泳、什麼時候用餐；他們幾乎放棄了獨立思考，變得麻木頹廢，連自己是否餓了都不確定。我就聽說過這麼一個任性的人——如果「任性」能被用來形容這種連最起碼的生活常識都不願意學習的人——當他被從浴室抬出來，放到轎子裡時，他竟然問：「我現在坐好了嗎？」這種連自己是否坐好了都不知道的人，你覺得他會知道自己是否活著、能否看見、能否算作悠閒嗎？我甚至都不確定應該為他確實不知道還是假裝不知道而同情他。的確，他們忘記了很多，有時也會假裝忘記一些事。他們以惡行為樂，以此證明自己的好運。在他們看來，似乎只有卑微可鄙的人，才知道自己在做什麼。現在你是不是覺得，喜劇演員嘲諷奢靡之風的表演毫不過分！可抨擊的地方實在太多了，人們在作惡方面確有天賦。如果說那些喜劇演員的表演有什麼不足，那就是他們表現的罪惡太少了，遠不能反映這個時代的真實狀況。就像上面提到的，有些人已經頹廢到需要別人來告知自己是否坐好。顯然，用「悠閒」來形容這種人實屬不妥，或許「有病」甚至「死了」是更為精準的表述。真正悠閒的人，能清楚地意識到自己的悠閒；而這個人卻半死不活，連自己身體的位置都不清楚，他又怎麼可能掌控時間呢？

13

更不用提那些沉迷於下棋、打球、小心翼翼曬著日光浴的人以及他們的無聊人生了。還有一些人熱衷嚴肅地鑽研某些學問，比如將全部時間用於無用的文學研究，這也不能算悠閒。現在羅馬就有一大群這樣的人，相信大家都會覺得他們的付出毫無意義。以前只有希臘人才關心諸如尤利西斯（Ulysses）有多少船夫，先有《伊利亞特》（Iliad）還是先有《奧德賽》

（Odyssey）以及它們是否是出自同一位作者這類傻問題。這些問題不能增加個人學識，即便研究成果被發表，大家也只會覺得你是書呆子，而非學者。遺憾的是，現在羅馬人也開始沉迷於追求這種無用的知識了。最近我就聽說，有人發表了相關研究，以證明哪個羅馬將軍率先做了哪些事，比如杜伊利烏斯[20]第一個贏得海戰；庫里烏斯・登塔圖斯[21]首次將大象引入凱旋儀式。這些研究顯然無法為歷史的榮耀添磚加瓦，但至少和國家宣傳稍有聯繫；雖然是一堆無用的事實，但它至少透過這些無足輕重的事實吸引了我們的注意力。還有人研究第一個說服羅馬人登船的是誰，我想我們也可以原諒他：是克勞狄烏斯[22]——他因此被加上了科德克斯（Caudex）這一姓氏，因為在古代拉丁文中，幾塊木板連在一起就叫「科德克斯」，法典「codex」[23]這個詞也源自於此。即便今天，台伯河上的運糧船也沿用了「codicariae」這一古代的名字。能瞭解是瓦萊里烏斯・科維努斯[24]率先征服了墨西拿（Messana）也很重要，而且他還是瓦萊里家族中第一個用被征服城市的名

20 Gaius Duilius，杜伊利烏斯，古羅馬將領，透過烏鴉艦開創了接舷戰，帶來了世界海戰史的革命。

21 Manius Curius Dentatus，庫里烏斯・登塔圖斯，古羅馬執政官、保民官，結束了第三次薩莫奈戰爭。

22 Appius Claudius Caudex，克勞狄烏斯，古羅馬執政官，第一次布匿戰爭中首位羅馬將領。

23 幾塊木板裝訂在一起的古抄本。

24 Valerius Corvinus，瓦萊里烏斯・科維努斯，古羅馬貴族、演說家和文學贊助人。

字「墨西拿」作姓氏的人。後來，這個姓氏在口口相傳中被錯拼成了梅薩拉（Messalla）。還有人仔細研究了盧基烏斯・蘇拉[25]最早是如何將沒有束縛的獅子引入角鬥場的。通常牠們會被腳鐐困著，博庫斯國王還曾派標槍手去屠殺牠們。好吧，研究這些或許可以被原諒，但這到底對人生有什麼幫助呢？龐培最早將十八頭大象引入角鬥場，讓牠們和無辜的人搏鬥。不少元老都說龐培作為國家領袖「和藹可親」，但他竟然認為用這種新穎的方式剝奪他人的生命讓人難忘？「讓他們戰鬥至死？不夠壯觀。讓他們被撕成碎片？也不夠壯觀。不如讓他們被巨型動物活活壓死吧！」這些事情還是被忘記為好，以免未來的執政官知道了，又試圖在慘無人道上玩出新花樣。唉，當年羅馬看似一片祥和，其實卻隱藏了那麼多至暗時刻！他將那些可憐的男人扔到外來野獸的腳下，讓他們搏鬥廝殺；他在羅馬人民面前展示了血腥的場面，很快又要求羅馬人民為他流血戰鬥。當時，他相信自己超越了自然的力量。可最後呢？龐培在亞歷山大港遭遇背叛，死於最低等的奴隸之手。恐怕直到那

25 Lucius Sulla，盧基烏斯・蘇拉，古羅馬殘酷無情的軍事統帥，曾一度被選為羅馬獨裁官。

時，他才意識到自己的姓氏[26]只不過是徒有虛名的吹噓。

言歸正傳，看看有些人是怎麼在相同的問題上翻來覆去浪費時間和精力的。比如上面提到的某個人，他說梅特盧斯[27]在西西里征服了迦太基後，首次用一百二十頭大象為戰車開道，蘇拉則是最後一個延長羅馬城界（羅馬神聖城牆的範圍）的人。一旦占領義大利，就要延長城界，這似乎已經成了慣例。瞭解這些，會比知道其他事情更有用嗎？這個人還說，阿文提諾山之所以在城界之外，主要有兩個原因：要麼是平民都撤到了那裡，要麼是瑞摩斯在那裡預言了飛鳥的不吉利——總之，有些人就是熱衷這樣的錯誤或是謊言。退一萬步說，就算他們做這些研究是出於好意，甚至還能保證這些真實可靠，難道就會降低誰的過錯、減少誰的狂熱嗎？難道社會能因此變得更自由、公正、包容嗎？難怪法比亞努斯過去常說，與其捲入這樣的研究，還不如不參與任何研究。

26 龐塔姓氏為馬格魯斯（Magnus），「偉大的」的意思。

27 Metellus，梅特盧斯，古羅馬執政官，曾在帕諾姆斯城下擊敗迦太基軍隊。

14

只有潛心鑽研哲學的人，才是真正悠閒自在、真正活過的人，因為他們不僅密切關注自己的人生，還能從其他時代吸取生活的經驗，讓歷史為他們的生活增添色彩。如果懂得感恩，我們就會明白，那些創立了哲學體系的偉人其實是為我們而生，為我們開創了某種生活方式。正是前人的辛苦付出，我們才能從黑暗步入光明，享受現在的一切。只要願意，我們可以觸摸那些過往歲月；只要願意被崇高的精神指引，去超越人類弱點的局限，我們就可以在歷史的時間大道上馳騁。我們可以同蘇格拉底[28]辯論，向卡涅阿德斯[29]質疑，和伊比鳩魯[30]一起歸隱，與斯多噶主義者一同克服人性的弱點，和犬儒主義者一起超越人性的極限。我們既然能和各個時代建立聯繫，為何不從當下轉瞬即逝的時間中走出來，全身心地投入過去呢？畢竟，過去的時光才是無限和永恆的，我們可以隨時向更優秀的前輩學習。

28 蘇格拉底，古希臘哲學家，主要透過他的學生柏拉圖和色諾芬的著作而為後人所知，後被雅典陪審法庭以瀆神罪判處死刑。

29 Carneades，卡涅阿德斯，古希臘學院派哲學家。

30 Epicurus，伊比鳩魯，古希臘哲學家、無神論者，伊比鳩魯學派的創始人。

終日為社會職責奔波的人，不僅打擾別人，也擾亂了自己的生活。他們總是按時完成日常拜訪、忙碌地穿行於各家各戶，不放過任何有人的房子，帶著自私的目的問候他人，從一戶人家跑到相距甚遠的另一戶人家。可是，城市那麼大，欲望那麼多，真正願意見他們的人又能有幾個？有多少人因為昏昏欲睡、私事纏身、冷漠無理，就將他們硬生生地拒於門外呢？又有多少人，在讓他們等待良久以後，佯裝忙碌從他們身邊匆匆而過？還有一些人，他們寧願避開人來人往的大堂，選擇從隱蔽的小門悄悄溜走，彷彿欺騙訪客要比直接拒絕來得友善一樣。還有一些人，他們因為宿醉而半睡半醒，慵懶地打著哈欠，需要被別人低聲提醒一千遍，才能勉強張張嘴唇，和那個因為登門拜訪不得不放棄睡眠的可憐人打招呼。

只有那些願意每天與芝諾[31]、畢達哥拉斯[32]、德謨克利特[33]——人文學科的大師，以及亞里斯多德和泰奧弗拉斯托斯[34]為伴的人，才是真正在履行人生的使命。智者永遠都不會缺席。他們總能讓到訪者心滿意足、滿載而歸，

31 Zeno，芝諾，斯多噶學派創立者。
32 Pythagoras，畢達哥拉斯，古希臘數學家、哲學家。
33 Democritus，德謨克利特，古希臘唯物主義哲學家，原子唯物論學說的創始人之一。
34 Theophrastus，泰奧弗拉斯托斯，古希臘哲學家、自然科學家。

並且變得更專注於自己。他們不分晝夜，永遠在那裡等待著到訪者的光臨。

15

他們不會強迫你選擇死亡，只會告訴你應該如何面對死亡；他們不會消耗你的時光，只會用自己的歲月去延長你的生命；與他們交談不會給你帶來災難，和他們為友不會危害你的生活，追隨他們更不需要你花費金錢。他們願意為你傾盡所有——如果沒有從他們那裡盡可能地索取，那只怪你自己不夠努力。可以想像，選擇和這些人結伴，你的老年生活將會多麼幸福愜意。這些好朋友會隨時聆聽你的困惑，解答你各種各樣的問題。他們告訴你真理，卻不挖苦你；他們真心讚揚你，卻不奉承你；如果你需要榜樣，他們可以隨時被效仿。

人們常說，父母是命運分配的，我們無權選擇，但我們卻有權選擇成為任何人的子女。不妨從那些富有智慧的高貴家庭裡，選擇一個你最希望被收養的。你能繼承的不僅是他們的名分，還有財產。你不必帶著一顆吝嗇的心去小心翼翼地保護這些財產。事實上，和越多的人分享，它就越有價值。這樣的家庭會為你指明通往不朽的道路，將你引領到一個新高度。一旦上升到這種高度，你就不會再走下坡路。只有這樣，生命才能得到延續甚至永恆。所有那些榮譽、紀念碑，被史書記載或是雕刻在石碑上的雄心壯志，都會迅速化為烏有。沒有什麼能經得住時間的沖刷和打磨，除了被哲學賦予神聖光芒的偉大作品。時間無法摧毀、破壞它們，相反，它們只會隨著時間的推移越來越被重視。畢竟，人們容易嫉妒近在咫尺的事物，卻往往能夠自由欣賞遙遠歷史長河中的作品。哲學家的生活更具廣度，不會受限於大多數人所要面臨的禁錮。他們能夠超脫人類的局限，並因此被後世奉為神明。他們回憶並擁抱過去、珍惜並利用當下、期待並暢想未來。他們將所有的時間融為一體，於是擁有了超越凡人的生命。

16

而那些忘記過去、浪費當下、恐懼未來的人，他們的生命卻異常短暫和苦惱。只有到了生命盡頭，那些可憐人才會意識到，人生漫漫，他們雖忙忙碌碌卻毫無作為。他們甚至會渴望死神的到來，但這並不能說明他們已經活得足夠長了。因為愚昧，他們陷入煩躁的不安全感，轉而開始期盼那些讓他們恐懼的事——因為害怕死亡，所以寧可它早一點到來。他們有時會覺得一天很長，抱怨時間過得太慢，好像總要在百無聊賴中等待晚餐的到來，但這也不能說明他們活得足夠長。一旦注意力沒了落腳點，他們就會坐立不安、無所事事，完全不知道如何面對這種閒適，如何打發時光。他們焦急地期盼著有事可做，等待的時間總顯得漫長乏味：就像等待角鬥表演、展出或是娛樂活動開始的那種心情——他們希望能直接跳過等待的時間。一旦某項期待已久的活動被推遲，他們就會感到極度無聊。可是，當享受真正開始時，時間又總是飛快流逝，這多少也是他們自己的過錯。他們總是喜新厭舊，不停變換著娛樂方式，很難專注於一種愛好。他們的日子不漫長卻令人生厭。與此同時，那些沉醉於酒精和性欲的夜晚，更是過得太快！瘋狂的詩人還編造故事來鼓勵人性的這種弱點——他們說朱比特就是因為沉迷於性愛的歡愉，才將夜晚的時間延長了一倍。他們竟然不惜用神作例子來助長人類的罪惡。他們把神變得荒淫無度，以此為人類的過錯找藉口。顯然，對這些人來說，他們付出代價換來的夜晚，的確是太短暫了！他們期待夜晚，並因此丟掉了白天；他們恐懼黎明，並因此丟掉了夜晚。

17

因為這些恐懼，享樂也變得令人焦慮不安。一旦到達了快樂的巔峰，恐懼就會隨之而來。他們開始問自己：「這種快樂還能持續多久呢？」因為這種擔憂，國王面對手中的權力時忍不住發出歎息。想到自己的好運氣，他們竟高興不起來，總擔心這一切會煙消雲散。當年傲慢的波斯帝國國王[35]在廣闊的草原上排兵佈陣時，看著眼前數以萬計的宏大軍隊，竟然忍不住流下了眼淚——他知道百年之後這些都將不復存在。諷刺的是，正是這個流淚的男人為軍隊帶來了厄運。沒過多久，這些兵馬就因征戰和逃亡喪命於海洋、陸地，而他當年竟然還為百年之後這些人的命運擔憂。

為什麼他們的快樂總夾雜著不安？因為這些快樂只是源於一些毫無理由的刺激，沒有牢固的根基。試想一下，那些淩駕於別人之上、連當事人自己都覺得腐朽罪惡的快樂，又怎麼可能純粹呢？所有的好運都伴隨著焦慮，因為運氣就像公平一樣不可靠。我們需要新的繁榮去維護現有的繁榮，用新的祈禱去保佑業已實現的祈禱。偶然收穫的東西都不穩定，爬得越高就越容易摔倒。既然註定要消逝，又怎麼可能帶來快樂？對為得到財富付出千辛萬苦、還要付出更多辛勞來守護它的人來說，生命不僅短暫而且痛苦。他們辛

35 即國王「薛西斯一世」（Xerxes 一），於西元前四八〇年入侵古希臘。

勤勞作，終於換來了期待的收穫，又要開始帶著焦慮和不安拚命守護這些果實。可他們忘記了，用掉的時間是收不回來的。新消遣總會取代舊消遣，希望能帶來更多的希望，野心會孕育更大的野心。他們並不試圖終結這種痛苦，最多只會為它換個新理由。於是，當享受公眾榮耀開始變得痛苦時，我們轉而開始為他人的榮耀奮鬥；不再擔任候選人，我們就開始為別人拉票；決定逃離擔任檢察官的煩惱時，我們又開始承擔法官的責任；終於可以不當法官了，我們又成了法院院長；終日靠管理別人的財產而活，有一天我們老了，又要開始把時間花費在打理自己的財產上。馬略[36]剛結束戎馬生涯，就開始在執政官的崗位上忙碌；昆特修斯[37]每次擔任獨裁官都想交卸權力，但最後元老院還是將他從田裡請了回去。西庇阿[38]尚無足夠的作戰經驗，就被迫與迦太基交戰。他戰勝了漢尼拔[39]，戰勝了安條克三世[40]，不僅擔任執政官時表現突出，還是弟弟的穩固支柱。如果不是自己阻止，他的雕像恐怕早就被安置在朱比特旁邊了。但國家的動盪總會困擾那些試圖拯救它的人。年輕

36 **Gaius Marius**，蓋烏斯·馬略在古羅馬戰敗於日爾曼人的危難之時當選執政官，進行軍事改革、實行募兵制，最終擊敗日爾曼人。

37 **Quintius Cincinnatus**，即昆特修斯·辛辛納圖斯，古羅馬政治家，曾任古羅馬執政官。西元前四五八年任執政官的米努基烏斯所統率的羅馬軍隊遭到義大利埃奎人的包圍，退隱務農的他臨危受命擔任羅馬獨裁官以保衛羅馬。退敵十六天後，他辭職返回農莊。

38 **Scipio**，西庇阿，古羅馬統帥和政治家，第二次布匿戰爭主要將領之一，以在扎馬戰役中打敗迦太基統帥漢尼拔而著稱於世。

39 **Hannibal Barca**，漢尼拔，北非古國迦太基統帥、軍事家，被譽為戰略之父。

40 **Antiochus** 三，安條克三

時他蔑視那些只應賦予神的榮耀，年老後則固執地以流放為樂。是的，無論富裕還是貧苦，人總會有不安的理由。生活就這樣，被一個又一個渴望推著向前走。我們永遠在渴望悠閒，卻又從未真正享受過悠閒。

18

因此，親愛的保利努斯，趕快逃離這奔流不息的人群吧！你已經承受了不屬於這個年齡的打擊，現在更應該選擇寧靜平和的生活。想想你人生中那些因公因私而來的大風大浪。長久以來，作為積極進取的公眾人物，你的人品早已得到了大家的認可。現在，不妨試著在隱退中發揚這種品德。你生命的大部分時間，當然也是最美好的時間，都已經奉獻給了國家，如今不妨多留一點給自己吧。我不是要你懶惰，或是無目標地閒散，更不是讓你將寶貴的時光浪費在睡覺或是凡夫俗子熱衷的娛樂上。那都不是真正的休閒。當你

世，塞琉古帝國國王。

退休了，開始享受內心的寧靜，你就有機會發現那些更值得忙碌、比迄今為止做過的一切都更重要的事情。的確，你管理世界的帳目，像管理別人的帳目一樣一絲不苟，像管理自己的帳目一樣小心翼翼，像管理國家的帳目一樣認真負責。這樣的工作很容易引發矛盾，但你卻依然得到了人們的認可。但請相信我，瞭解生活的資產負債表，一定比瞭解玉米交易的資產負債表更有用。要記住，你精力充沛，可以承擔更重要的責任。當下的工作雖然也很體面，但並不讓人快樂。年輕時你所受過的人文教育，並不是為了讓你有能力去照顧成千上萬的玉米。你曾有過更偉大、更高尚的目標。這個世界從不缺少辛勤工作、值得信賴的人。反應遲緩的牲畜往往比純種馬更適合馱重，畢竟，誰願意被沉重的貨物拖累了天賦的速度呢？想想工作時的焦慮：你要負責全人類的溫飽。可是，饑餓的人群並不聽道理，也不滿足於公平，更不會因你的懇求而改變。就說說近年來的事情吧。蓋烏斯・凱撒[41]恐怕一直到死後幾天都還在沮喪（如果逝者也有感情），因為他知道羅馬人民的糧食供給

41 Gaius Caesar，蓋烏斯・凱撒，羅馬共和國末期的軍事統帥、政治家，以優越的才能成了羅馬帝國的奠基者。

最多只能維持七、八天，自己卻還在揮霍國力，興建橋樑船隻。人民缺少糧食，比被敵軍圍困更為艱難糟糕。為了仿效國外那位狂妄自大、註定滅亡的國王，他幾乎造成了整個城市的饑荒以及隨之而來的大崩潰。而掌管糧食的人，當他們面對石頭、刀劍、炮火以及凱撒的威脅時，又會作何感想呢？相信他們會努力隱藏這種潛伏在國家命脈中的隱患，而這往往也是源於好意。就像有些疾病只有在病人不知情的前提下才能治癒，一旦真相大白，病人往往不治而亡。

19

因此，是時候隱退，去從事更安靜、安全和重要的工作了。負責監督玉米的運送，避免糧食因為送貨人的狡詐或粗心而蒙受損失，確保它們完好無損地存儲在糧倉中，不因受潮或太熱而變質發黴，保證它們的數量和重量都符合標準——你真的認為這和從事神聖崇高的研究是一回事嗎？透過這些研究，你會瞭解神的本質，他的意志、生活方式和形象；你會明白等待靈魂的命運是什麼，當我們終有一天脫離身體時，自然會將我們安放在何處；你會懂得是什麼力量在中心支撐著世界最重的元素，又是何種力量讓最輕的元素懸浮於上，是何種力量將火送往最高處，又是何種力量讓群星運行有序——總之，你能一直吸收精彩紛呈的知識。你真應該辭去現在的工作，開始哲學研究了。趁自己還有一腔熱血，將精力花費在更有價值的地方。你會在新領域中發現無數值得學習的知識，比如對美德的熱愛和實踐、對激情的淡漠、生命和死亡的意義以及寧靜致遠的人生。

的確，被瑣事填滿人生很可憐，但更可憐的是被別人的瑣事填滿人生。他們要按別人的作息調整自己的睡眠時間，根據別人的步伐調整自己的腳步，甚至在愛與恨這些本應自由的事情上，都要服從別人的命令。如果這些人想瞭解生命的長短，不妨先讓他們看看，到底真正留給了自己多少時間。

因此，如果你看到一個人屢次官服加身，或者總能在廣場上聽到他的名字，不要羨慕，這些所謂的成就都是以生命為代價換取的。為了讓某個年代以自己的名字命名，他們犧牲了所有的歲月。一些人很早就開始為野心打拚，可惜尚未抵達理想的巔峰就失去了生命；一些人經歷千番屈辱，終於獲得了至高無上的權力，卻難逃陰鬱落寞，因為苦難換來的不過是一篇無用的墓誌銘；一些人在年老體衰後發現了新的希望，於是假裝還年輕，然而身體卻早已不堪重負。長者為贏得不知情旁觀者的掌聲，在法庭上氣喘吁吁地為某個素不相識的當事人辯護是不體面的；在執行公務時累倒也是不體面的，因為讓他疲勞的不是工作本身，而是他選擇的生活方式；在算帳的時候累死就更不體面了。恐怕等待已久的繼承人，這時都會忍不住露出如釋重負的微笑。這裡我還想分享一個例子。塞克斯圖．圖拉尼烏斯一向以謹慎和勤勞著稱。九十歲那年，蓋烏斯．凱撒下令讓他退休。於是，他躺在床上，讓身邊的人圍著他哀悼，彷彿他已經死了。就這樣，整屋子人都在為老主人哭泣，直到他又爬起來，重新開始工作。以身殉職真那麼令人愉快嗎？很多人都這麼認為。即便身體條件不允許，他們還是渴望繼續工作。為此，他們和虛弱的身體頑強鬥爭。在他們看來，年老是一種折磨，他們因此被束之高閣，無法繼續發揮作用。雖然法律明文規定五十歲以後不能當兵，六十歲以後不能進元老院，人們卻常常無法接受這種被法律賦予的悠閒。他們寧願在掠奪與被掠奪中奔波，互相折磨，不得安寧。他們向來不知滿足，不懂愉悅，更沒有任何精神上的進步。他們從不考慮終將面對的死亡，從不放棄好高騖遠的希望，甚至會提前將死後的事情都安排好——宏大的墳墓、公眾紀念儀式、葬禮上的表演、下葬時的奢侈。但事實上，這些人的葬禮只需火把和蠟燭就夠了[42]，因為他們的生命才是最短暫的。

42 當時人們慣於在兒童的葬禮上舉火把和蠟燭。

論心靈之安寧

DE TRANQUILITATE ANIMI

因為自身軟弱，
我們才沒有辦法長久忍受任何事，
無論是勞苦、
歡樂還是我們自己。

1

塞雷努斯[1]寫給塞內卡的一封信：塞內卡，當我審視自己時，一些惡習會清晰地浮現出來，於是我知道該怎麼處理；另一些則隱藏得更深，不易發覺；還有一些並非一直存在，只是時不時出現。對我而言，最後這類最難對付——它們像神出鬼沒的敵人，說不準何時會突然冒出來襲擊你，讓你既無法像面對戰爭一樣時刻準備著，又不能像身處和平年代一樣徹底放鬆。

我認為自己目前最常見的狀態就是（我希望能像看醫生一樣對你坦白真相），我既不能完全擺脫這些讓我恐懼和憎惡的惡習，又沒有完全被它們掌控。這聽上去似乎不算太糟，卻更讓我惱火，更想辨別清楚——就好像人既沒有生病，但又不健康。你不需要告訴我，美德在開始時總是脆弱的，需要隨著時間的推移才能逐漸變得堅定有力。我也知道，那些努力想要獲得別人好感的人，無論是透過謀求更高的官職、讓自己口若懸河，還是其他讓別人

1 Serenus，塞雷努斯，塞內卡的好友，尼祿時代的高級官員，塞內卡流傳下來的好幾封信都是寫給他的。

認可的方式，也都需要時間的歷練才能變得成熟——總之，無論是真正賦予人力量的，還是為了名聲而流於表面的努力，兩者都需要漫長的等待才能逐漸展示出自己的光芒。我唯一擔心的就是，自己會因為習慣了惡習，讓它們變得越來越頑固。畢竟，一旦長期接觸，美德和醜惡都更難以擺脫。

我很難用一、兩句話說清楚這種性格上的弱點，因此這裡就多嘮叨幾句。我想，這個問題的本質是，我總在對與錯這兩個選擇之間搖擺，自己都不清楚到底傾向哪一邊。讓我仔細說一下發生在我身上的情況，你就可以給這種症狀下定義了。比如，我必須承認，我熱愛節儉。我不喜歡很多長椅上那些華麗鋪張的裝飾，也不喜歡為了讓衣服看起來充滿光澤，從箱子裡取出時都要小心翼翼，或是用重物和軋布機將其反覆壓平。我喜歡普通、便宜，穿起來不用太過小心的服裝。再比如，我喜歡那些無需讓家僕耗時費心去準備的食物——不需要提前很多天預訂，用餐時也不需要很多人伺候。我喜歡就近、可以隨買隨吃的東西，家常、便宜，不會對錢包或者身體造成負擔——絕不是怎麼吃進去又要怎麼吐出來的那種。我希望家僕簡單樸素。家養的奴隸就可以，不需要經過訓練，也不用有什麼特殊技能。至於銀器，不需要有任何特殊標誌，鄉下老父親使用的那種笨重的就蠻好。餐桌也不需要華麗的裝飾圖案，更不需要那種因為曾輾轉於名流之間而被全鎮人知曉的珍品。具備基本的使用價值就可以，我不需要用它去吸引客人的目光，或者是引發不必要的嫉妒。可是，雖然立下了標準，但當我看到某個佣人培訓學校展示的華麗服飾時，我還是會被其深深吸引。那些奴隸打扮精緻，服裝上點綴著金飾，比參加遊行還要誇張，彷彿閃耀歸來的軍隊；當我看到一座房子鋪著珍貴石材的地板時，我也會被其深深吸引。在那裡，財富的象徵隨處可見，連房頂都金光閃閃。所有的僕人，都畢恭畢敬地守護著這珍貴的家族遺產。還有那些清澈見底的水池，水流可以環繞著就餐客人流動，當然還有和這種奢侈環境不相上下的華美家宴。作為一個長期堅持節儉的人，突然被這種富麗堂皇的壯觀場面包圍，我感到大腦轟鳴。我的視線開始飄移，因為我覺得相比用眼睛去感受這一切，還是用心去體會更容易一些。回到家裡，我意識到自己並沒有變得更糟糕，但卻更悲傷了。忽然之間，我感受到了自己財產的微不足道，覺得無法再昂首闊步行走了。一種隱祕的困惑讓我痛苦：是不是那種奢侈的生活更高級？我不想說我被物質改變了，但顯然它們讓我震撼。

我決定遵循老師的教導，投身國家大事，擔任公職——這並不是為了那身紫色的官服和執法官手中的權杖，我只是希望自己能對親戚朋友、對身邊的公民同胞甚至是全人類有益。我懷著滿腔熱情學習芝諾、克里安西斯[2]和克利西波斯[3]。順便說一句，這些人都沒有投身公眾事務，卻又都無一例外地鼓勵別人這麼做。可一旦有什麼事擾亂了我那顆不喜歡折騰的心，或是發生了其他什麼在我看來不那麼重要卻又不那麼好處理的事情（相信每個人都有過這種經歷），或是當我的時間被無關緊要的事務消磨時，我就會躲到悠閒中尋求庇護。彷彿疲憊的牲畜，我想趕緊逃回家裡。於是，我決定將生活

2 Cleanthes，克里安西斯，斯多噶學派哲學家。

3 Chrysippus，克利西波斯，斯多噶學派集大成者。

限制在自己的圍牆內。我對自己說：「如果沒有等值的回報，誰也別想奪走我的時間，哪怕一天也不行。我要專注於修身養性，遠離外界的干擾，不需要外界的認可。我只想享受這種不被任何公共或個人事務所侵擾的寧靜。」然而，每當我讀到令人信服的報導，並為報導中的優秀典範鼓舞時，我又有衝到廣場上，替某些人辯護、向另一些人提供幫助的衝動。即便失敗了，至少我嘗試過努力去幫助他人，或是抑制了因成功而產生的驕傲自滿。

做研究時，我個人傾向採取的方式是：專注於自己的論點，和別人探討這些論點，並讓論點來決定用詞。我會盡量不使用學究式的浮誇文風。我對自己說：「為什麼非要寫出流傳後世的佳作呢？為什麼非要讓後代對你歌功頌德呢？人必有一死，無言的葬禮聽起來更省心。如果非要打發時間，那還不如用質樸的文風，去寫對自己有用而非為了發表的文字。做到只為眼下學習，可以避免消耗很多不必要的精力。」可是，每當被偉大的思想震撼，我又會開始追求用詞的華美。我渴望用最精準的語言去表達更高的靈感，讓文風與論點配合得天衣無縫。這樣，我就忘記了克制的標準和原則，被一種不屬於自己的聲音帶到遠處。

簡而言之，我的善意中存在這樣的弱點，而且它還存在於各個方面。我總是擔心自己越變越壞，或者（這更讓我擔憂）就像被吊在懸崖邊緣一樣，隨時都可能掉下去。更何況，說不定還有一些我自己都沒有意識到的惡習——畢竟，我們過於近距離觀察自我品質，偏袒總會影響我們的判斷。我猜想，很多人本有機會獲得真正的智慧，但前提是他們沒有自以為足夠睿智，或是故意掩飾自己的某些性格，又無視別人的一些品格。畢竟，我們的悲哀，與其說來自於他人的奉承，還不如說是來自自我的奉承。誰敢說出關於自己的真相呢？即便被一群拍馬屁的人包圍，我們最大的諂媚者還是自己。因此，我懇求你，看在我還值得被治療的分上，如果有什麼可以醫治這種心神不寧，還請讓我回歸安寧吧！我明白，這些精神上的不安還談不上危險，也引發不了風暴。用一個現實的比喻來形容就是，困擾我的不是風暴，而是暈船。不管這到底是什麼病，都懇請你將其連根拔除。請幫幫我這個已經看到陸地，卻還在海上掙扎的人吧！

2

塞內卡的回覆：的確，塞雷努斯，很久以來我都在考慮，如何給你所描述的這種精神狀態下一個定義。打個最接近的比方，一些人剛剛大病初癒，但時不時還會發點燒或是感到疼痛。他們雖然已經沒有明顯的症狀了，但還是會為身體感到擔心和沮喪；雖然已經比之前好多了，但稍微有點發燒，他們還是會立即去看醫生，或者開始抱怨。對於這類人來說，塞雷努斯，他們的身體其實已經康復，卻還沒有適應健康的狀態，就好比再平靜的海面也總會有少許漣漪，更何況剛剛經歷了一場暴風雨呢？因此，你需要的不是更為激進的治療方法，因為你已經接受過這樣的治療了——一會兒約束自己，一會兒和自己生氣，甚至還會在某些時刻嚴厲地威脅自己——你需要的是一個終極的治癒方案，那就是相信自己正行走在正確的道路上。不要被其他迷失方向的人們所選擇的道路干擾，雖然其中一些可能距離正確的道路也不是很遠。你所追求的是偉大、至高無上和近乎神聖的——因此絕不能動搖。

希臘人將這種執著稱為「**euthymia**」（即靈魂的完美狀態，德謨克利特曾針對這一點有過精闢的論述），但我更願意將其稱為「**tranquillity**」（安寧）——畢竟，沒有必要去刻意模仿或是複製希臘語的形式。重點是，我要用一個術語來定義這一類問題。它是否是希臘語的形式並不重要，重要的是能夠準確地傳達含義。我們所追求的，是讓心靈在一條平穩和安詳的道路上行走。我們能夠正確地面對自己，愉快地接受自己所處的環境並保持快樂的心境。我們能夠始終處在平和的狀態中，沒有大起大落——這就是我想說的安寧。讓我們先想想在一般情況下如何達到這種狀態，然後從通用療法中選擇最喜歡的方式。與此同時，所有的過錯必須公之於眾。只有這樣，別人才能從中認識到自己的錯誤。這時你就會明白，自我反感帶給你的煩惱，和那些被似是而非的誓言綁架或是為顯赫的頭銜而勞苦的人們相比，簡直少了太多。他們之所以會一直虛偽地活著，更多是因為羞愧，而非欲望。

那些被浮躁、無聊和朝三暮四所困擾的人，和那些一味緬懷過去，或是對什麼都提不起興趣的人，其實都是一類人。還有一些人，他們像是患了失眠症，總是坐立不安、四處亂竄，直到疲倦讓他們不得不停下來。他們不斷改變自己的生活狀態，即便最後會在某個狀態中安定下來，也不是因為厭倦了變化，而是因為年紀大了，對新鮮事物的反應開始變得遲鈍了。當然，還有另一些人，他們不會按照自己的意願調整生活狀態，但這並非緣於穩健的心態，而是由於懶惰。於是，他們不得不按照初始的狀態過著一成不變的生活。事實上，病症可以有無數種表現方式，但最終的結果只有一個——對自己不滿。這種不滿源於精神上的不穩定以及讓人恐懼的、未實現的欲望。當人們不敢或是未能得到所渴望的，他們能夠抓住的就是渴望本身了：他們活在不平衡和反覆無常中，這是處於懸而未決狀態中不可避免的結果。於是，他們試圖利用一切手段來實現心願。他們說服自己、強迫自己去做不光彩和難以成功的事情。一旦付出得不到相應的回報，他們就會被失敗的恥辱深深折磨。讓他們悔恨的並非犯下的罪惡，而是欲望的受挫。他們後悔已經做過的嘗試，擔憂未來的挑戰。他們的心靈開始不安。這種不安無處排解，因為他們既不能控制又不能滿足自己的欲望。未來生活的不確定讓他們不知所措，希望的消失讓他們感到靈魂停滯。痛恨自己付出辛勞卻依然失敗，他們又變得碌碌無為，或是轉而將精力放在閉門做研究上。可是，這顯然又是嚮往公共事業、熱衷社會活動、缺少心靈寄託而性格不安分的人無法忍受的，於是進一步造成了他們原本症狀的惡化。結果就是，當可以從現實生活中獲得的快樂被剝奪時，原本忙碌的人們開始坐立不安——他們無法忍受待在家裡，面對四面圍牆的孤獨感和遠離社會的隔離感。無聊和不滿應運而生。他們變得心神不寧、鬱鬱寡歡，痛苦地忍受著所謂的閒散生活。更糟糕的是，他們還不願意承認引發這些情緒的原因。羞恥感讓痛苦越藏越深，欲望被囚禁得無法釋放，這種感覺讓他們窒息。接下來就是陰鬱、悲傷以及不安心靈的患得患失——希望出現就歡欣鼓舞，希望消失就萎靡不振。再接下來，他們開始越發厭惡閒散，抱怨自己的無所事事，忍不住去嫉妒別人在仕途上的成就。畢竟，毫無建樹的安逸常常會滋生惡意。自己無法成功，於是希望別人和他們一樣失敗。就這樣，他們懷著對別人成就的憎惡和對自身境遇的絕望痛苦地生活著。他們對命運充滿憤怒，對時代充滿抱怨，躲藏在平淡的隱退生活中歎息自己的痛苦，直到對自己厭惡和疲憊。畢竟，人性天生好動、喜歡參與活動，所以人們喜歡刺激、喜歡娛樂——越是自身層次不高的人，往往越熱衷忙忙碌碌的生活。這就好比身體上的一些傷口喜歡被碰疼、被觸摸，令人難受的瘙癢也希望被抓撓一樣；同理，欲望的爆發就好比身體上的傷口，需要勞碌和病情加劇來獲得快樂。要知道，有時雖然一些行為會讓我們感到疼痛，但它們依然會為身體帶來快樂，就好像在床上翻身一樣，雖然辛苦，卻會讓身體感到涼快。《荷馬史詩》中的阿基里斯就是這樣。他一會兒趴著一會兒躺著，總想要換個姿勢，就像無法安靜停留在一種狀態中的病人，只能透過躁動不安來緩解病痛。

也正因為如此，人們會遠涉重洋，去異國他鄉遊歷，跨越陸地和海洋，透過一切方式去緩解自己的不安分。這種不安分讓他們很容易感到厭倦。「我們去坎帕尼亞吧！」他們說。可是，過不了多久，他們就厭倦了奢華的生活。於是他們又說：「我們去荒蠻之地吧，去看看布魯蒂姆和盧卡尼亞的叢林！」可是，一旦身處荒野之中，那些習慣了奢華的眼睛，又會開始厭倦周圍的骯髒乏味。於是他們又說：「我們去塔林頓吧，那裡有著名的港口和溫暖的冬天。即便在古代，那裡也繁榮富饒、人口眾多。」後來他們又說：「我們還是去城市吧！」他們的耳朵太久沒有聽到喧囂的掌聲了，現在甚至有點渴望殺戮和鮮血。就這樣，他們不停出發，到了一個又一個地方，經歷了這樣那樣的風景。正如盧克萊修[4]所說：「每個人都試圖逃離自己」。」

可是，如果最終還是無法逃離，那又有什麼用呢？它們彷彿自己最乏味的夥伴，像狗一樣尾隨自己。我們必須明白，困境來源於自身，而不是周圍的環境。因為自身軟弱，我們才沒有辦法長久忍受任何事，無論是勞苦、歡樂還是我們自己。這種人性的軟弱甚至會將一些人逼到死亡的邊緣，因為他們總在變換目標，又總會回到原點，以至於再也找不到任何新意。於是，他們開始厭惡自己、厭惡世界。那種帶著沮喪的自我放縱讓他們忍不住呼喊：「這種一成不變的生活，我還要忍受多久？」

關於如何對抗這種無聊，你想知道我的建議嗎？正如阿森諾德斯[5]所說，最好的方法就是讓自己專注於政治事務和公民權益的實際活動。有些人會將大把時間用在曬日光浴、鍛煉和調養身體上，運動員則會把大部分時間都用於鍛煉肢體上，畢竟這才是對他們最為重要的事情。你的心智就是為了

4 Lucretius，盧克萊修，羅馬共和國末期的詩人和哲學家。文中的這句話出自他的《物性論》（*De Rerum Natura*）。

5 Athenodorus，阿森諾德斯，斯多噶學派哲學家。

公共生活打造的，因此最好的途徑就是透過日常實踐去培養它。當一個人打算成為對公民和同胞有用的人時，如果能全身心地服務大眾和公民，他就可以在造福他人的同時豐富自己。「然而，」阿森諾德斯又說：「人類又往往太過於野心勃勃，以至於很多人不惜顛倒黑白。於是，正直的人常常身處險境。相比可能獲得的幫助，他們受到的阻力往往更多。這麼說來，我們的確應該從公共生活和政治活動中隱退。當然，即便在隱退的生活中，偉大的思想依然可以無拘無束地活動。牢籠可以困住獅子或是其他動物，卻無法困住人類。事實上，人類最輝煌的成就往往都是在隱退後取得的。但是，選擇隱退的前提是，無論這個人在何處賦閒，他都能隨時準備用自己的智慧、言語和忠告去為他人甚至是整個人類服務。並不是只有競選公職的候選人、法庭上的辯護者或是投票決定戰爭與和平的執政者才有資格為國家服務，那些教會年輕人美德，讓他們不被財富和奢華衝昏頭腦的人——即使無法制止，至少可以延緩他們的步伐（我們太缺少優秀的老師了），他們雖然歸隱，但無疑也在為公共事務盡力。想想看，一個處理著國家事務、有權宣布裁決結果的執政官，和一個宣講正義、虔誠、忍耐、勇敢、不懼死亡、神以及善有善報的知識的人，你覺得誰為人類做出了更大的貢獻呢？因此，如果在擔任公職時依然抽出時間做研究，你就沒有荒廢或捨棄職責。不是身處前線防禦左右兩翼的人才是士兵，那些守護著城門或是堅守其他危險相對較小但也不能掉以輕心的崗位的人，比如看守兵工廠的人，他們雖然不一定需要面對流血犧牲，但也一樣是在履行軍事職責。一旦開始專注於研究，你就能避免生活的無聊。你不會再因為厭倦了白天而嚮往黑夜，不會成為自己的負擔，不會對他人毫無用處；你會吸引很多朋友，那些最優秀的人會自然而然地聚集在你身邊。即便是不明顯的美德也不會將自己徹底隱藏，而是總會清晰地表現出來：任何配得上她的人都能找到她的足跡。但如果我們選擇逃避社會，徹底拋棄人類，獨自生活，那麼這種毫無趣味的與世隔絕就無法帶來任何有價值的行為。我們開始蓋一些房子，又拆掉另一些房子，填海造地再利用人工水渠灌溉，透過這些途徑揮霍自然賦予我們的寶貴時間。面對時間，總有人懂得節儉地使用，另一些人則只會浪費；有些人可以將時間像記帳一樣仔細規劃，另一些人則沒有任何結餘——這無疑是最可恥的。通常，一個老人除了年齡，就沒有其他什麼可以證明他的長壽了。」

親愛的塞雷努斯，在我看來，阿森諾德斯太輕易就向時代屈服，過早地選擇了隱退。不可否認，一個人有時不得不妥協，但這個過程應該是循序漸進的，我們同時還要堅持自我的標準和勇士的尊嚴。那些在與敵人達成協議時依然保持警戒的軍隊顯然更安全，也更受人尊重。因此，我認為追求美德應該做到：如果命運不幸剝奪了一個人自由行動的權利，他不應該立即丟盔棄甲，轉身逃到隱蔽的地方躲起來（就好像這個世界上還有命運找不到的地方一樣）；相反，他應該更謹慎地履行職責，更仔細地選擇為國家服務的機會。假如他當不了兵，那就選擇謀求公職；假如他不得不以平民身分生活，那就選擇當一名辯護人；假如命運剝奪了他發聲的機會，那就選擇用無聲的支持去幫助同胞；假如他出現在廣場上會遭遇危險，那就選擇在私人住宅裡、在演出中、在宴會上，做好優秀的伴侶、忠誠的朋友和溫和的赴宴者；假如他喪失了作為公民的權利，那就選擇行使做人的權利。只要精神崇高，我們完全不必將自己限制在特定的城市。我們可以走出去，與全世界打交道，將世界視為自己的國家，讓美德在更廣闊的土地上馳騁。假如你無法在司法部門任職，公眾演講和選舉也都向你關閉了大門，那麼，不妨想想你身後那些廣袤的地區和不同的民族——不管命運有多少約束，你一定都可以在其他地方找到更寬廣的空間。但要當心，不要讓自己成為這種制約的來源——比如，你想擔任公職，但眼睛卻只盯著執政官、議長、傳令官或薩菲特[6]這樣的職位；除非能當上將軍或者護民官，否則就不願意在軍隊服役。要記住，即便別人在前線承擔了更重要的任務，而命運只安排你當了三等兵，你也依然要用你的聲音、勇氣、示範和精神，去扮演好士兵的角色。即便雙手被砍斷，人也依然能夠堅強地站立，為同胞加油。你也應該這麼做：

6 Sufete，薩菲特，迦太基政府的高級官員職稱。

如果命運沒能讓你在公共生活中擔任領袖，你依然要站直身軀，為他人鼓掌；哪怕被別人扼住咽喉，你依然要站直身軀，默默為別人提供援助。一個好公民的服務從來都不會一無是處：他總會被聽到、總會被察覺——不管那是一個表情、一個點頭、一個固執的沉默還是只是他的步伐，他總能用自己的方式提供說明。只要是有益健康的食物，即便不親自觸摸、品嘗，我們依然能從它的氣味中獲益。美德也同理——無論被隱藏得多深，總能展示出她的光彩。美德在任何條件下都能給人幫助——無論是在公開場合處理正當的生意，還是被強迫著捲起自己的船帆；無論是因為禁錮而無法行動和言語，還是被局限在狹小的空間或是暴露在公眾面前。為什麼你會覺得，過著體面的隱退生活的人不能成為有價值的榜樣呢？如果由於命運的阻撓或是國家形勢不允許，一個人無法全身心地投入某一種生活，那最好的方式就是將休閒與某種活動相結合——總會有某種途徑讓人們去參與高尚的活動。

當雅典被三十僭主[7]的統治摧殘得體無完膚時，說它是最悲慘的城市毫不為過。三十僭主屠殺了一千三百多名最優秀的雅典公民。他們甚至沒有就此打住，而是在野性的刺激下繼續進行暴力統治。在這座設有最高神聖法院和元老院以及和元老院同級別的公民大會的城市，每天卻聚集著一批邪惡的劊子手，不幸的元老院也坐滿了諸多僭主。如果一個國家僭主和侍從的人數都相差無幾了，這個國家還有可能安寧嗎？恐怕連重獲自由的希望都不存在，更別提推翻這群暴徒的統治了。畢竟，這個可憐的國家，到哪裡去找足夠多的像哈爾摩狄奧斯[8]一樣的人呢？蘇格拉底深深陷入了這種局勢中：他安撫那些失落的元老，鼓勵那些對國家喪失了信心的同胞，斥責那些為自己的財富擔驚受怕的富人——他們現在才開始後悔那些陷他們於危險之中的貪婪；對於那些願意仿效他的人來說，當他將一個自由人從三十僭主手中拯救出來時，蘇格拉底就是行走的榜樣。可就是這樣優秀的公民，雅典卻親手將其處死在牢獄中。所謂的自由，卻無法容忍公開嘲諷暴君的人擁有自由。

7 西元前四〇四年，斯巴達國王呂西斯特拉圖（Lysistratus）占領雅典並建立了一個寡頭政治的傀儡政府，處於斯巴達的保護下，稱作三十僭主。三十僭主在雅典開啟了恐怖統治時代，殺害的雅典公民數量甚至比戰爭中斯巴達軍隊殺死的雅典人還多。

8 Harmodius，哈爾摩狄奧斯和其戀人阿里斯托革頓（Aristogeiton）是西元前六世紀的雅典人，曾合力組織了針對雅典僭主兄弟的暗殺。

現在你可以理解了，在一個災難重重的國度，智者總有機會展示自己的影響力；相反，在一個繁榮昌盛的國度，貪婪、嫉妒和其他反人道的惡習卻往往會大行其道。因此，我們應該根據國家大勢以及命運允許我們自由行動的範圍，去擴大或縮小我們的活動。但無論怎樣，我們都應當充滿熱情，而不是被恐懼控制、麻痺。只有一個人在面對四面八方洶湧而來的威脅、武器和鎖鏈叮叮噹噹不絕於耳的聲響，勇氣依然不減分毫時，他才算是真正的好漢。自我保護並不意味著自我壓抑。真的，我特別相信庫里烏斯・登塔圖斯所說的，他寧願選擇死亡，也不願過行屍走肉的生活。世間最恐怖的事，莫過於除了活過的年歲，什麼都沒留下。但如果正好處在很難處理好公共生活的年代，那也不妨多抽出一些時間去休閒和閱讀，就好像在一段充滿風險的旅程中時不時為自己尋求避風港一樣。你可以主動選擇退出，不必等到被公共生活逐出門外的那一天。

當然，在此之前，我們應該審視自己，審視將要從事的事務，審視那些因他們而開展事務的人和我們要與之共事的人。

我們經常高估自己的能力，因此正確的自我評價至關重要。有些人因為過於相信自己的口才而受到傷害，有些人對財富要求過高卻無法實現，還有人在繁重的勞動下過度透支了自己虛弱的身體。有些人過於羞澀，無法適應需要拋頭露面的政治生活；有些人過於魯莽，無法適應嚴謹的法庭工作；有些人無法控制自己的憤怒，稍有不悅就出言不遜；有些人無法控制自己的才智，總會說出一些機智卻會給他們帶來危險的俏皮話。考慮到這些情況，相比於參與公共事務，隱退無疑是更合適的選擇——熱情而又魯莽的天性，往往會因為直言不諱給自己帶來麻煩。

我們還應審視將要從事的事務，判斷自己是否有足夠的能力去完成它。畢竟，執行事務的人必須有超越事務本身的水準。否則，過重的負荷一定會將他壓垮。還有，有些事務與其說偉大，不如說龐雜——它們會不斷衍生出新事務，我們必須避免自己從事的事務又衍生出各種新事務，最終讓我們無法全身而退。你應該選擇去承擔那些你能完成，或者說至少希望自己能夠完成的事務，避免可能在過程中變得越來越複雜、無法像預期那樣順利完成的事務。

人的選擇更是至關重要。必須明確，那些我們選擇一起共事的人，是否值得我們奉獻出生命的一部分時間，而這些時間上的犧牲又是否能為他們帶來改變。真的會有一些人，我們為他們付出，他們反而以怨報德。阿森諾德斯說，他不會和那些不認為欠了自己人情的人一起用餐。你應該也能想像，他更不願意與那些認為一頓飯就可以報答朋友恩情的人打交道。在那些人看來，桌上的菜品多就能證明自己的慷慨，表明對別人的重視。一旦少了觀眾和見證者，這些私下的大快朵頤就毫無樂趣。

你還必須思考，自己的性格是更適合實際的活動還是安靜的研究和沉思，然後選擇符合自己天賦和天性的方向。伊索克拉底[9]曾強行把厄弗羅斯[10]

9 **Isocrates**，伊索克拉底，古希臘著名的雄辯家、教育家。

10 **Ephorus**，厄弗羅斯，古希臘著名歷史學家。

從廣場上拉走，因為他覺得後者更適合編纂歷史。通常，強迫不利於天性的發揮。一旦違背天性，人很難取得成功。

沒有什麼比真摯和忠誠的友誼更能讓人開心了。如果一個人能夠心甘情願地替你保守所有的秘密，你也不害怕和他分享自己內心深處隱藏的想法，這會是多麼幸運啊。他可以用言語撫慰你的痛苦，用忠告勸你做出正確的決定，用快樂消解你的悲傷——他只要一出現，就能讓你感到歡欣鼓舞！當然，我們必須遠離那些欲望過於強烈的人，因為惡習總是在不知不覺中蔓延，親近的人會更容易受到攻擊和傷害。正如傳染病流行的時候我們必須小心，不要圍繞在那些已經感染發熱的人周圍，否則就要面對被傳染的風險，哪怕只是呼吸接觸。擇友也是同理。我們要觀察他們的性格，選擇人品端正的人做朋友：疾病之所以會傳播，是因為健康的人和患者共處一室。我並不是說只能和智者交往。畢竟，人們苦苦尋覓了這麼多年，都很難找到一個智者，你又怎麼能找到呢？因此理想的狀況是，我們至少能挑一個還不算壞的。當然，如果你能從類似柏拉圖、色諾芬[11]或者是蘇格拉底的後人中挑選朋友，或是回到加圖[12]時代——那個時代產生了不少無愧於加圖時代的好人（同時也造就了一批比任何時代都糟糕的壞人。他們犯下了滔天罪行。對加圖來說，為了讓自己得到認可，好人與壞人都有存在的必要——他需要好人認可他的成就，需要壞人彰顯他的力量），那無疑會非常幸運。但考慮到當下好人匱乏的現狀，你還是不能太過挑剔。即便如此，你也一定要避開那些總是愁眉苦臉，動不動就到處訴苦的人。並不是說這種人不忠誠、不善良，但他們對任何事都感到焦慮和悲觀的態度，對心靈的安寧絕對是一種干擾。

現在我們再來談一談人類痛苦的最主要來源，也就是私人財產的問題。想想我們會遭遇的其他痛苦，比如死亡、疾病、恐懼、欲望、疼痛和勞碌——所有這些，都比不上金錢帶來的痛苦。我們要謹記，沒有錢要比有了

11 **Xenophons**，色諾芬，古希臘歷史學家，蘇格拉底的學生。

12 **Cato the Younger**，即小加圖，羅馬共和國英雄，蓋烏斯·凱撒堅定的反對者，是羅馬誕生的最接近斯多噶學派「有智慧的人」的一個人物。

錢又失去錢的痛苦小很多；財富越少，它能引發的痛苦就越小。千萬不要以為富人更容易忍受痛苦：同樣的傷口，放在高大或矮小的身軀上，疼痛感是一樣的。對此比翁[13]也說過，無論是從童山濯濯的人還是頭髮茂密的人頭上拔頭髮，他們一樣都覺得疼。富人和窮人在痛苦的感知度上是一樣的：他們都看重錢，任何對財富的剝奪都會讓他們痛苦。但就像我之前說的，相比原本就沒有錢，擁有了錢再失去會更加痛苦。同理，你也會發現，那些從未被命運女神眷顧過的人，要比原本幸運後來卻被命運女神拋棄的人快樂很多。偉大的第歐根尼[14]意識到了這一點，於是事先安排好了自己的生活，確保任何人都無法再從他那裡拿走任何東西。你可以把這種狀況稱為貧窮、匱乏、短缺，或者用其他任何貶義詞來形容這種了無牽掛的自由：但在我看來，只有當一個人不會再失去的時候，這種狀態才是最幸福的。如果我沒有弄錯的話，身處守財奴、騙子、強盜和綁架者中，卻是唯一一個不可能受到任何傷害的人，這難道不是一種尊貴的身分嗎？如果有人質疑第歐根尼的幸福，那

13 Bion，比翁，古希臘詩人。

14 Diogenes，第歐根尼，古希臘哲學家，犬儒學派代表人物。

他同樣應該去質疑那些不朽之神的幸福——他們也沒有房產、公園和可供出租給外來佃戶的昂貴農場，沒有機會在廣場收取高額利息，你能說他們不幸福嗎？被聚斂財富的欲望壓得喘不過氣來，這種人難道不應該為自己感到羞愧嗎？抬起頭來，看看上天：天上的眾神雖然不占據財產，卻可以奉獻出自己的一切。那麼，如果一個人自身拋棄了命運的恩賜，你會認為他貧窮，還是更接近不朽之神呢？被龐培賜予自由的狄米特律斯[15]，甚至毫不掩飾地宣稱自己比龐培更富有。可他真的幸福嗎？他每天都要清點奴隸的數目，就像將軍檢閱自己的部隊一樣。可在此之前，他覺得擁有兩個下等奴隸和一間小屋就是幸福。當第歐根尼得知自己唯一的奴隸逃跑了之後，他覺得根本不值得花費精力把他追回來。「這真讓人丟臉，」他說：「如果曼斯離開了第歐根尼可以好好活下去，而第歐根尼離開了曼斯卻沒法活。」我想，第歐根尼其實想說的是：「命運啊，你管好自己就行了，現在我的一切都不屬於你了。我的奴隸逃跑了——不，應該說我現在更自由了。」養一群奴隸需要足

15 Demetrius，狄米特律斯，在羅馬從教，犬儒學派成員之一。

夠多的衣服和食物，要讓貪吃的傢伙填飽肚子，要讓他們都有衣服穿，要提防他們小偷小摸，還要忍受他們一邊提供服務，一邊在內心詛咒和哭泣。一個人如果能做到不欠任何人的，他將會多麼開心！這樣，他就只有自己可以拒絕，而這無疑是最容易的。但我們沒有這樣的意志力，所以能做的就是盡量限制自己的財富，減少命運對我們的打擊。戰爭中，如果一個人的身體正好可以藏在盔甲中，那麼他一定比那些身軀龐大、總要暴露一部分在盔甲外的人更安全。因此，最理想的財產狀況就是，既不低於貧困線，又不超它太多。

更何況，如果我們從一開始就試著學習節儉，那剛剛提到的理想的財產狀況無疑會讓我們滿足。而如果不懂得節儉，恐怕無論占據多少財富都不夠用，都不會讓人滿足。只要擁有了節儉這一良藥，貧窮也可以轉化成富有。讓我們學著不要去炫耀財富，讓我們學著去衡量任何事物的好壞時應該看它的功能，而不是為了賣弄：用食物去消除饑餓，用水去驅散饑渴，用性生活去滿足需要；讓我們學著去依賴自己的四肢，穿衣風格和生活方式不要盲目追趕潮流，而應沿襲先輩們的優良傳統。讓我們學著去提高自我的約束力，抑制奢華之心，不要過於野心膨脹，不要動輒脾氣暴躁；讓我們學著不去歧視貧窮，而是學會節儉，不在意別人的眼光，根據實際盡可能選擇高性價比的方式來滿足自然的需求；我們要遏制對期望的過分放縱以及對未來的過分癡迷；要學著依靠自身而不是命運的眷顧來獲取財富。誠然，即便如此，我們也不可能徹底避開生活中各式各樣的不公和災難，命運的風暴依舊可能會襲擊揚帆遠航的人。但透過限制我們的活動範圍，命運的武器就不容易找到想要打擊的目標。也正是這個原因，流放和挫折也有它們的優勢——正是因為這些小災禍的存在，人們避開了更大的災難。當一個人思想頑固，無法用溫和的辦法讓他們做出改變時，或許以毒攻毒的辦法，比如少許的貧窮、屈辱和災難，更能有效地幫助他們。總之，讓我們逐漸習慣不被一大群人簇擁著進餐，逐漸減少供我們使喚的奴隸，根據實際用途購置衣物，不要過分追求房屋的面積。我們應該學會沿著跑道的內圈奔跑，這一點不僅適用於賽跑和競技，更適用於人生的旅途。

即便是在最有投資價值的研究領域，我們也要學會適度。如果坐擁無數本藏書和數不清的圖書館，但終其一生卻連閱讀書名的時間都沒有，這又有什麼意義呢？少了充分的指導，過量的書籍只會給學生造成負擔；將時間專注於少數作者，遠比泛泛地去瞭解很多更有意義。當年，藏有四萬冊圖書的亞歷山大圖書館被付之一炬。有人曾稱讚它是王室財富的奢華見證。提圖斯·李維[16]就將其稱為國王高雅品位和奉獻精神的見證。但其實這根本談不上高雅品位和奉獻精神，最多只能算是學究們的自我陶醉——事實上，可能和學術都不沾邊，畢竟很多人收藏圖書都只是為了炫耀，而非研究。同理，你還會發現很多缺少基本文化知識的人也買書，但顯然他們並不是為了學習，只是想用書籍來裝飾客廳而已。我們應該根據真正的需要而非裝點門面去買書。「但這種在書籍上的支出，」你會說：「和將金錢浪費在柯林斯青銅

16 Titus Livius，提圖斯·李維，羅馬共和國後期的一位歷史學家、博物學家，著有《羅馬自建城以來的歷史》。

器或是裝飾畫上相比，還是體面了很多。」答案是否定的。任何浪費行為都應該要受到譴責。想想那個熱衷收集香櫞木和象牙製成的書櫃和大量不知名或是三流作者的書籍的人。他坐在成千上萬的藏書中昏昏欲睡，能引發興趣的最多只是書籍的外觀和標籤。這樣的人難道不應該被批評嗎？你會發現，越是懶惰的人，往往越會擁有一大堆關於演講和歷史的書籍，裝書的箱子都快堆到天花板了。當下，精美的書房竟然變得和冷熱浴室一樣，成了裝修房子時不可或缺的配置。當然，如果犯錯是出於對學習的熱愛，那還情有可原，可惜很多人收集偉大作家的著作就像在收集肖像畫，往往只是為了裝飾一面牆。

或許你的人生正處在一個艱難的時期，公務活動或私人生活像繩索一樣，在不知不覺中將你套住，既不能解開，又無法扯斷。這時，不妨想想那些戴著鐐銬的囚犯。最初他們的感知都集中在腳部沉重的鐐銬上，但隨著時間的推移，他們決定不再反抗，而是學著去忍受這種負重。於是，他們從這件事的必然性中學會了忍受，在習慣中做到了放鬆心情、接受現狀。任何情況下，只要你下決心將煩惱拋之腦後，讓它們不再來煩擾你，你就能找到愉悅、輕鬆和樂觀。在這一點上，我們真的應該感謝自然。知道我們的人生必然要經歷痛苦，自然賦予了我們面對災難依然可以收穫慰藉的能力，這樣我們就可以習慣哪怕是最壞的情況。如果災難的殺傷力永遠都像最初襲擊我們時一樣，恐怕任何人都沒有辦法忍受這種永恆的困境。每個人都被命運綁架，有些人是被寬鬆的金鎖鏈，有些人則是被綳緊的劣質金屬鎖鏈束縛，但這又有什麼關係呢？在命運面前我們都是囚犯。那些有權制約別人的人，自身也要受到來自他人的制約——除非你覺得鎖住別人的鏈條更輕鬆一些。有些人被官職束縛，另一些人被財富束縛；有些人被尊貴的出身壓垮，另一些人被貧賤的出身壓垮；有些人被別人的規則約束，另一些人被自己的規則約束；有些人因為流放而被限制在一個地方，另一些人則因為履行神職而被約束在另一個地方。總之，生命就是一次服役。你能做的就是多適應、少抱怨，努力抓住生活帶給你的其他福利：無論多苦的環境，健全的心靈也一定會在其中找到慰藉。只要規劃合理，再小的面積也能被拆解出多種用途。因此，無論空間多麼狹小，我們都有辦法將其改造得適合居住。面對困難要多去思考。這樣，艱苦的境地就會得到改善，有限的條件就會得到拓寬。一旦學會了如何忍受，沉重的壓迫就會變輕鬆很多。

此外，我們要學會收斂自己的欲望，盡可能去關注那些觸手可及的目標，因為欲望很難控制。放棄不可能或很難得到的東西，多去追求容易得到或特別希望得到的，但與此同時要記得，世間的一切，無論看起來多麼重要，其實都是微不足道和毫無意義的。不要羨慕那些位高權重的人：站得越高，可能摔得越慘。

另一方面，那些被不公平的命運置於危險境地的人，卻往往更安全。因為他們學會了低調、謙遜，知道將財務保持在微不足道的安全線上。的確，很多人都是被迫位居高位的。他們沒有辦法自己走下來，除非不幸倒臺。他們也知道，權力是他們人生中最大的負擔，而他們又被迫成為別人的負擔，與其說被捧上雲端，還不如說是被釘在了那個位置。於是，他們要透過正義、溫和、善良和慷慨這些品質來保護自己，抵禦未來可能降臨的災難，讓自己盡可能坐得安穩。將我們從這些焦慮中拯救出來的最有效的辦法，就是為行為設置一些限制，確保我們自己可以決定何時何地止步，而不是將一切交由命運。透過這種方式，我們既能保持一些激發思想的欲望，同時又能確保它們不會將我們引入無法掌控的境地。

以上這些只針對不夠完美、過於普通或是心態不夠健全的人，並不適用於智者。智者無須緊張慎重地行走。他們有足夠的自信去與命運抗爭，不向命運低頭。他們從不懼怕命運。在他們看來，不僅是物品、財產、地位，連那些更為珍貴的東西，比如眼睛和雙手，甚至他自己，都是命運租借給他的，總有一天需要還回去。這樣想就沒有什麼需要抱怨的了。當然他們也並不因此看輕自己。雖然這些都不是他們的私有物品，但就像虔誠的聖人守護託付給他的財產一樣，他們會認真小心地關注自己的行為舉止。一旦被要求償還這些債務，他們不會向命運抱怨，而會說：「感謝你賦予我的這一切。我一直在認真照顧它，並因此受益匪淺。但如果你要求，我會懷著感恩之心和良好的意願將這些雙手奉還。當然，如果你希望由我來打點這些屬於你的資產，我會努力確保它的安全；如果你不願意，我會把那些銀幣、銀製品、房子和家當全部歸還給你。」如果自然要求收回她曾經給予我們的東西，我們依舊可以說：「收回我的靈魂吧，相信它比最初你賦予我時高尚了很多。我不想討價還價也絕不退縮，我很樂意你拿回那些我出生以前的東西——儘管拿走吧。」回到出生之前的地方能有什麼危害呢？不懂得如何正確面對死亡的人，通常也不會活得很好。因此，我們首先要做的，是拋棄我們對死亡原有的看法，將生命的氣息視作一種廉價的東西。用西塞羅的話說就是，我們討厭那些不惜一切也要保全生命的角鬥士，喜歡那些能夠公開蔑視死亡的勇士。同樣的道理也適用於我們：很多時候，造成死亡的原因正是對死亡的恐懼。命運女神喜歡與人們開玩笑。她說：「卑鄙又懦弱的人啊，我幹嘛要保護你們？既然你們不知道如何伸出頭顱，那我就讓你們遭受更多的傷口和刺痛。但如果你們能夠勇敢地面對刀刃，不在危險面前縮回脖子或是百般阻攔，那我就會讓你們活得更久，死得更平靜。」恐懼死亡的人很難去做一個活人值得做的事。但如果一開始就能意識到，死亡是從出生起就必將要面對的事情，人就可以在這一前提下生活，確保自己有足夠的勇氣去面對任何事情而不感到意外。預見可能會發生的事情並假設這種事情即將發生，可以降低挫折對自己的衝擊。對於有備而來的人，挫折不會造成重創，但對於那些總是幻想一切都順利的人來說，挫折無疑是沉重的打擊。疾病、囚禁、災難、大火，這些都在意料之中——我知道自己所處的亂世。在我住所周圍，經常能聽到為死者舉行的哀悼。人們舉著火炬和蠟燭走過我的門前，為早逝的人們舉行葬禮；我也多次聽到過房屋倒塌的巨響；還有那些在廣場、元老院或是在日常交談中和我建立聯繫的人，不知道在哪個晚上就會被剝奪了生命，我們的友誼也不得不就此終止。因此，如果有那麼一天，這些身邊的災難也降臨到自己身上，這又有什麼好驚訝的呢？很多人在計畫航線時都不考慮暴風雨。這裡我想引用一位三流作者的名言警句，我也不認為這有什麼好羞愧的。一旦普布里烏斯[17]放棄了荒誕的默劇和娛樂觀眾的低俗語言，他就會展現出超越那些悲喜劇作家的獨到智慧。他留下了眾多名言警句，這些語錄比很多悲劇（更別提喜劇）都更為精彩。其中就包括這句：「發生在一個人身上的事，有可能發生在所有人身上。」只要你骨子裡接受了這一點，將發生在他人身上的災難（每天都有很多災難上演）視為自己人生的預警，那麼未來，當同樣的災難攻擊你時，你就會有所防禦。危險降臨了才想起要武裝自己，未免太遲了。你說「我沒想到會發生這樣的事」、「你能相信會是

17 Publilius，普布里烏斯，古羅馬作家。

這樣嗎」，為什麼不能呢？哪個富人不會被貧窮、饑餓和乞丐盯上？哪個官員的官服、統治者的權杖、貴族的鞋帶上，沒有沾染過污點和恥辱，留下過不檢點和讓人不齒的痕跡？哪個王位不會面臨毀滅、垮臺、暴君和劊子手？而且這些事情發生的機率很高：上一秒還端坐在寶座上，下一秒就可能要向別人臣服。因此，務必銘記，形勢隨時都在變化，發生在他人身上的事情一樣可能發生在你身上。你很富有，可富得過龐培嗎？可是，當蓋烏斯——龐培原來的親戚、現在的新主人——擁有了更高的權力時，他甚至連麵包和水都吃不上。他的土地上曾經有那麼多條河流，但他後來卻不得不為了一口水向別人低三下四。最後，他又渴又餓，死在一位親戚的宮殿裡；而就在他饑腸轆轆時，他的繼承人正在為他安排國葬。你曾擔任過高層職務，可那能高過無人可及的塞揚努斯[18]嗎？然而，就在元老院將他押送到監獄的當天，他就被眾人撕得粉碎。這個曾經擁有人世間萬千幸運的人，最後卻什麼都沒留下，甚至連執行死刑的人都找不到他的全屍。再看看那些國王。我不想提克

18 Sejanus，塞揚努斯，提比略皇帝的寵臣。

羅伊斯[19]，那個目睹自己腳下的火堆被點燃又被熄滅的國王。他不僅目睹了國家的滅亡，甚至在死過一次之後又活了過來。我也不想引用朱古達[20]的事例。他曾讓羅馬人聞風喪膽，可沒過多久就被押到羅馬示眾；非洲國王托勒密和亞美尼亞國王米特里達梯被蓋烏斯俘虜，一位被流放，另一位則虔誠地渴望被流放。面對這些震驚世人的事件，除非你堅信可能發生的事情終會發生，否則這些災難無疑會顯得更強大，強大到讓初次接觸的人徹底崩潰。

其次，不要輕易浪費精力，或是將精力花費在毫無意義的活動上，也就是說，不要渴望無法得到的，也不要追求那些一旦獲得又覺得徒勞無益的。換而言之，不要讓我們的付出毫無意義、勞而無功，也不要追求那些本不值得努力的目標，因為一旦沒有成功，或是認為成功也不值得高興，痛苦就會隨之而來。不要像大多數人那樣，沉浸在忙碌感中。他們在家裡、劇場和講壇晃來晃去，動輒插手別人的私事，想給人留下一種繁忙的印象。如果你問

19 **Croesus**，克羅伊斯，古代呂底亞的國王，後被波斯王征服。在波斯王準備將其處以火刑時，克羅伊斯在火堆上想起了曾經和梭倫做過的關於幸福的討論並流下了眼淚。波斯王深受感染，決定撲滅火焰免其一死。這時，晴朗的天空突降大雨，瞬間熄滅了火焰。

20 **Jugurtha**，朱古達，努米底亞國王。西元前一一一年，羅馬元老院向國王朱古達宣戰，史稱「朱古達戰爭」。西元前一〇六年，馬略和部將蘇拉開始負責對朱古達的戰事。西元前一〇五年，馬略擊敗朱古達。朱古達在逃到茅利塔尼亞後被國王波庫斯所俘，交付羅馬，後死於獄中。

一個剛從家裡出來的人：「你要去哪兒，打算做什麼？」他會說：「其實我也不確定，但應該會去見一些人，做一些事。」他們就這樣漫無目的地四處遊蕩，尋找工作機會。但他們沒有明確的目標，因此總是接受那些正好碰到的。他們的晃蕩散漫而無意義，他們就像爬行在灌木上的螞蟻，總是漫無目的地爬到最高的樹枝上，然後再爬下來。很多人都過得像螞蟻一樣，說他們忙碌地懶散並不為過。你看到那些人從你身邊匆匆忙忙地跑過，像是要趕去救火一樣，這樣的情景著實讓人難過。他們還經常在路上撞翻別人，自己也摔個狗吃屎。但其實他們也只不過是去拜訪某個根本不會回應他們的人，或者是去參加陌生人的葬禮，旁聽某個麻煩人物的庭審，圍觀一個有過多次婚姻的女人的訂婚儀式，可能還要順便照看一下雜物，或是幫著搬運那些雜物。然後他們回到家中，不知道自己在為什麼奔勞，接著開始發牢騷，說不知道為什麼要出門，也不知道自己都去了哪裡——可到了第二天，他們又開始了同樣的迴圈。因此，開展活動要有明確的目標，這樣才可能有所收穫。

勤奮不會讓人覺得疲憊，虛假的表像才會讓人發瘋。即便真正的瘋子，也需要希望來刺激自己，他們會為一些東西的表像而興奮，因為被迷惑的心無法察覺到事物毫無價值的本質。同理，那些在城市中打轉，試圖積累更多人脈的人，往往也是被一些空洞瑣碎的緣由牽著鼻子走。雖然沒有具體的目標，但天一亮他們就早早出門了。他們會被很多人拒於門外，最多只能和通報訪客的奴隸打個招呼。這時他們才意識到，原來很多人都和他們一樣，不會在家裡面待著。這一惡習又會慢慢演變為另一種最為可恥的行徑，那就是偷聽和窺探公開或秘密的消息。可是，很多消息如果不被聽到或討論，反而更為安全。

正因為如此，德謨克利特才會說：「但凡想擁有平靜的生活，都不應該去參與太多活動，無論是公共的還是私人的。」當然，這裡指的是那些毫無意義的活動。如果是確實有必要的公共或私人的活動，那別說是很多，即便無窮無盡，都應該努力完成。然而，如果一件事的確不是我們的責任，那還是克制一些為好。一個人關注的事情一旦太多，就會把自己置於命運的掌控下。對待命運最安全的做法，就是盡量不去招惹她。把她放在心上，但不要過於相信她。有人會說：「我要出海了，如果沒有什麼事發生。」「我要當執政官，除非有什麼事阻止我。」「我會生意興隆，除非碰到什麼阻礙。」這也是為什麼我們會說，通常智者就不太需要面對意外。這並不是指他們不會遭遇其他人所遭遇的風險，而是說他們會正確地評估風險；也不是說他們凡事都會如願以償，而是說他們能預測到可能的結果——其中最重要的，就是他們明白自己的計畫必然會受到阻力。少了一定會成功的期待，人就更容易應付失敗帶來的失落感。

我們還應學會變通，不將希望過多寄託在原計畫上，而是根據實際情況靈活調整目標，避免在目標或現實狀況發生改變時心生恐慌。當然前提是，我們不是變化無常的人，通常這種特質的人很難內心平靜。命運喜歡向頑固不化的人索取，讓他們變得陰鬱和焦慮。反覆無常則是更為嚴重的缺點，擁有這種性格的人往往無法克制自己。這兩種性格都是平靜心靈的敵人，前一種無法改變，後一種無法忍受。無論何種情況，我們都應學會將心靈從外部轉移到自身：我們應當自我信任、自我愉悅、自我欣賞；盡可能從他人的事務中抽身，將注意力放在自己身上；不過於擔心失去，即便是不幸，也能學著用友善的態度去面對。當得知自己的全部財產因海難瞬間化為烏有時，我們的老前輩芝諾回應說：「看來命運想讓我做一個心無旁騖的哲學家。」當暴君威脅要殺掉哲學家狄奧多羅斯並讓他暴屍街頭時，狄奧多羅斯的回應是：「只要你高興，我身體裡這半品脫鮮血由你處理。至於埋葬與否，你要是覺得我會在乎是在地上還是地下腐爛這件事，那也未免太愚蠢了。」尤利烏斯．加努斯[21]也是一位相當優秀的男人。他雖然和我們同時代，但不妨礙我們去仰慕他，他和蓋烏斯有過一次長時間的爭執。在他要離開的時候，那個法拉里斯[22]對他說：「為了讓你不再被自己愚蠢的希望迷惑，我已經下令

21 Julius Canus，尤利烏斯．加努斯，斯多噶學派哲學家，後被蓋烏斯處死。

22 Phalaris，法拉里斯，以兇殘聞名於世的西西里僭主，此處指代暴君。

將你帶出去處決了。」對此，加努斯的回答是：「謝謝你，我高貴的國王。」我不太確定這句話的含義，總覺得有多種可能。他是在諷刺對方，讓他知道自己的殘忍已經讓死亡都變成祝福了嗎？或者是在嘲弄對方經常性的瘋癲（因為那些孩子被殺、財產被收的人依然要向他表示感謝）？他是否覺得死刑是一種解脫？不管他當時的真實想法如何，這個回答都可謂沉著勇敢。有人會說：「說不定他覺得這麼說蓋烏斯會讓他活下去。」相信加努斯並沒有這麼想，畢竟蓋烏斯在處決別人方面總是信守諾言。你相信嗎？處決前十天，加努斯沒有流露出一絲一毫的擔憂。他的所言所為和長久以來的淡然都讓人無比欽佩。當拉著一隊死刑犯的百夫長下令將加努斯一同帶走時，他正在下跳棋。他數了數棋子，對同伴說：「等我死後，你可不能撒謊說這局是你贏了。」然後他向百夫長點點頭，說：「你得做證，我多贏了一顆棋子。」你覺得加努斯只是在享受一盤棋的樂趣嗎？他是在享受自己的諷刺。他的朋友都為失去這樣一位優秀的友人悲傷，但加努斯卻說：「為什麼要難過呢？

你們整天都想知道靈魂是否不朽，而我很快就會知道答案了。」一直到生命盡頭，他都沒有停止尋找真理，甚至把自己的死亡也變成了哲學話題。他的哲學老師陪他一起去刑場。走到離凱撒接受供品的土丘不遠的地方時，老師問：「加努斯，你現在在想什麼？又是怎樣的心情？」加努斯回答說：「我打算記錄一下，在那短暫的一瞬間，靈魂是否會意識到自己正在離開軀體。」他還承諾，一旦自己有什麼發現，就會依次拜訪他的朋友，分享靈魂的秘密。這是一種怎樣的暴風雨中的寧靜！只有這樣的靈魂才值得永生。他用生命去尋找真理，即便到了最後一刻，還要向即將遠去的靈魂發問。他一直都在學習，哪怕死亡來臨，也要從死亡本身中獲取知識。世上再沒有人能像加努斯一樣追求哲學了。這樣的偉人不會被後人遺忘，只會被尊重：高貴的靈魂啊，雖然不幸淪為蓋烏斯的受害者，但我們會確保你不朽。

當然，試圖消滅悲傷的來源是毫無意義的，因為有時我們就是會對整個人類產生深深的厭惡。想到單純的稀缺和天真的渺茫，想到忠誠只會在符合自身利益時才出現，想到無數罪行得以橫行；想到人們無論是得到還是失去，動機卻都是貪欲；想到很多人從不收斂野心，甚至認為邪惡是一件值得驕傲的事——所有這些，都會讓心靈陷入黑暗。當一切被陰影籠罩，美德便不復存在。你會覺得，美德期待不來，即便擁有也毫無用處。因此，我們必須要訓練自己，將這些普遍存在的惡習視為不值得我們去恨、荒謬可笑的事情。我們應該學習德謨克利特，而非赫拉克利特[23]。每當這兩位出現在公眾場合，後者總是在哭，前者卻總是在笑。後者總是認為人類所有的活動都是可悲的，而前者則覺得它們只是可笑。我們不要將凡事看得太重，用一顆包容之心去忍受：比起為生活哀歎，對其嘲笑更符合文明的發展。要記住，能夠對生活報以一笑的人，往往要比那些用悲觀的眼光打量它的人更優秀，因為前者依然認為生活存在希望，而後者之所以悲傷，是因為他們壓根不覺得有辦法改變現狀。總而言之，無論從哪個角度看，不吝惜自己的微笑，都要

23 Heraclitus，赫拉克利特，古希臘哲學家，愛菲斯學派創始人。

比放縱自己哭泣，更能體現一個人傑出的心靈。笑容表達的是人類最溫柔的情感，彷彿在訴說無論生存環境多麼惡劣，都沒有什麼是太過沉重、太過嚴肅、太過不幸的。如果每個人都能回想一下那些帶給他們喜悅或悲傷的事情，他們就會明白比翁的至理名言：**人類的一切活動都和最初一樣，他們的生命並不比出生時更高尚或是更沉重。他們出生時一無所有，離開時也同樣一無所有。**當然，更可取的做法應該是平靜地接受大眾的行為和人性的弱點，不需要用大笑或是流淚去掩飾自己的崩潰。被別人的煩惱折磨意味著永恆的痛苦，而以別人的煩惱為樂則是不人道的愉悅。就好比在別人孩子的葬禮上，刻意擺出嚴肅的表情並悲傷落淚，只不過是善意空洞的表現罷了。自己碰到麻煩時也一樣，最得體的舉動是隨著自己的心意，而不是為了應付世俗傳統去悲傷：許多人哭泣只是為了被別人看到，如果沒有人注意，他們的眼中就不再有淚水。在這些人看來，別人都在哭，自己不哭就是不對的。這種隨波逐流的壞習慣早已根深蒂固，導致很多人連悲傷這樣最基本的情感都要模仿他人。

再來看看另一種讓我們有充足的理由悲傷和焦慮的情形。當好人沒有好下場，當蘇格拉底被迫死於獄中、魯提里烏斯[24]被流放時，當龐培和西塞羅死於門客面前時，當代表美德的加圖用自殺來告訴世界正發生在自己身上以及這個國家身上的厄運時，我們會為命運的不公感到無限痛苦。當我們看到最優秀的精英被命運無情打擊時，我們又能對自己有什麼期望呢？接下來又會怎樣呢？不妨看看這些人是怎麼面對命運的。如果他們展現出勇敢，那就祈禱自己也能和他們一樣勇敢堅定；如果他們在死亡面前表現得懦弱，那他們的死也就毫無意義。要麼因堅強贏得尊敬，要麼因懦弱被人遺忘。如果偉人的英勇離世給世人帶來恐懼，這會是多麼丟人啊！讓我們向值得讚美的人物獻上無限的讚美，讓我們一起說：「人越勇敢，就越幸福！勇敢可以讓你遠離所有的不幸、嫉妒和疾病。現在你已經走出命運的監獄——這並不是說

24 Rutilius，魯提里烏斯，古羅馬政治家和演說家，西元前一一一年任大法官，西元一〇五年任執政官，西元前九五年任亞細亞總督。因嚴懲貪污遭人陷害，於西元前九二年被放逐出羅馬。

眾神認為你配得上厄運，而是命運已經對你無能為力，掌控你已經毫無價值了。」我們應該教導那些在死亡面前退縮，開始回望生活的人。我不會為快樂的人哭泣，也不會為落淚的人哭泣：前者親手拭去了我的淚水，後者卻用自己的淚水印證了他不配得到任何人的眼淚。難道我要為被活活燒死的海克力斯哭泣嗎？或者為被無數釘子刺穿身體的雷古魯斯[25]或是讓自己的傷口又受傷的加圖掉淚？所有這些人都因放棄了短暫的生命而獲得了永恆，死亡讓他們不朽。

還有一個引發焦慮的重要原因——太在意自己的公眾形象，不願意向任何人公開真實的自己，過著和多數人一樣的虛偽生活，彷彿生命只是一場表演。如果一個人總要謹言慎行，擔心面具滑落時暴露真面目，那他無疑會痛苦不堪。如果我們只希望自己好的一面被別人看到，那就不可能做到無憂無慮。畢竟，很多時候我們還是需要被迫卸下偽裝。即便自我隱瞞能多少帶來

25 **Regulus**，雷古魯斯，古羅馬將軍，西元前二五八年任執政官，第一次布匿戰爭中被迦太基人俘虜，後隨迦太基使者赴羅馬議和，趁機力促元老院繼續對迦太基展開戰爭，重返迦太基後被殺。

世俗意義上的成功，這種躲在面具後的生活依然不會讓人開心。相反，如果可以用誠實真切、樸實無華、簡單純樸、毫不掩飾的態度去面對生活，那將是多麼令人愉悅啊！當然，熟悉往往會帶來輕視，完全暴露於眾的生活常常會面臨被嘲笑的風險。但無論怎樣近距離觀察，道德也不會貶值。因為單純而被鄙視，總要好過忍受虛偽的痛苦。當然，我們還是要注意適度：活得簡單質樸和活得漫不經心，這兩者還是大有區別的。

我們要學習回歸自我。和性格迥異的人交往會打破平靜、激發熱情，加重尚未完全治癒的心理疾病。然而，獨處和從眾這兩件事又需要適當融合、靈活變通：獨處太久會讓我們渴望他人，從眾太久又會讓我們懷念獨處。總之，兩者互為解藥：獨處能治癒我們對人群的厭惡，人群則能消減我們獨處的孤單。

人的思想不會一直專注在同一件事上，需要有趣的消遣來轉移注意力。

蘇格拉底會和孩子一起玩耍，也不會因此覺得不好意思；加圖為國事疲憊不堪時，會選擇用美酒來放鬆自己；西庇阿常用舞蹈來消解作為常勝將軍的壓力，當然，那是男人們過去在比賽和節日時跳的、充滿陽剛之氣、即便在敵人面前都不會喪失尊嚴的舞蹈，而不是現在那種脆弱精緻、讓男人看起來比女人還妖嬈的舞蹈。我們的大腦必須得到放鬆：休整後它們會更有精神、更活躍。就好比一直讓農田高產會加速它的枯竭一樣。持續的工作會消耗我們的精力，短暫的休憩和放鬆則會讓我們恢復能量。一直勞作不停歇，會讓大腦變得遲鈍和麻木。

如果運動和遊戲無法帶來自然而然的快樂，相信人們也不會樂在其中。當然，過分沉迷於這類活動對大腦的反應也有一定的破壞。就像睡眠，雖然對恢復精力至關重要，但如果不分白天黑夜地昏睡，那又無異於死亡。適度放鬆和徹底放縱完全是兩個概念。立法者之所以設立假期，就是為了賦予公眾合法休假和享受生活的權利，只有這樣工作和生活才能平衡。我之前也提到過，一些偉人會在每月固定的時間給自己放幾天假，另一些人則會將每天都劃分出工作和休閒時間。印象中偉大的演說家阿西琉斯·波利奧就是這麼做的，工作滿十小時就必須休息。休息時他連信件都不看，以免突然冒出新事務需要處理。兩個小時的休息能讓波利奧消除工作一整天的疲憊。有些人會在中午休息，將一些相對輕鬆的工作留到下午。我們的前輩們也曾規定，元老院在連續工作十小時後就不能再有新提案。軍隊要求輪流執勤，而剛剛遠征歸來的士兵不會再被安排夜間站崗。每個人都要放鬆大腦，用時不時的休閒為它提供必要的食物和能量。

我們必須要出門散步，晴朗的天空和新鮮的空氣可以讓大腦重新充滿活力。有時，乘車出遊、換個環境，或是從事社交活動和自由暢飲，這些都能讓心靈獲得全新的能量。有時我們甚至需要迷醉的狀態，沉浸在酒精中但又不被它徹底掌控。酒精可以沖散憂慮，讓思想更為深邃，還可以像治療一些疾病那樣治癒傷痛。酒神之所以被稱為「解放者」，並不是因為酒精能讓言語變得不著邊際，而是因為它能讓心靈從桎梏中解脫出來，呵護它，讓它充滿活力，敢於去做想做的一切。當然，就像自由一樣，飲酒也要適度。人們說梭倫[26]和阿塞西拉[27]愛酒，還有人指責加圖酗酒，但這種指責卻讓人們更仰慕而非看輕加圖。喝酒的頻率不能過高，以免養成壞習慣。但有時大腦確實需要刺激，讓自己暫時放棄嚴肅的清醒，無拘無束地快活。不管你是否認同希臘詩人所說的「有時瘋狂是那樣美好」，或是柏拉圖[28]所說的「過於精神健全的人和詩歌無緣」，或是亞里斯多德所說的「偉人多少會有一點瘋癲」，但必須承認，只有心靈被深深觸動，才可能寫出超越平凡的佳作。只有當靈魂跨越了日常的瑣碎和平凡的思想，乘著神的啟示之翼飛向高空，它才會發出超凡脫俗的高貴之聲。過於理性的思想很難達到一定的高度，它必須放棄常走的道路，不顧一切向前衝，並敦促駕駛者沿著自己的路線飛奔，才能到達那個原本連自己都不敢想像的目的地。

26 **Solon**，梭倫，古希臘時期雅典城邦著名的改革家、政治家。

27 **Arcesilas**，阿塞西拉，古羅馬哲學家。

28 **Plato**，柏拉圖，古希臘哲學家，和老師蘇格拉底、學生亞里斯多德並稱為希臘三哲。

因此，親愛的塞雷努斯，你現在就擁有了保持心靈安寧、恢復內心平靜、克服無意間染上缺點的辦法。但請記住，想要守護這樣的脆弱，必須隨時關注和呵護那搖擺不定的心靈，否則，任何方法都無濟於事。

論天意

DE PROVIDENTIA

在安穩的路上只有苟且偷生的懦夫。
真正的勇士，
他的征途永遠巍峨高遠。

1

盧基里烏斯[1]，你曾問過我，如果世上有天意，為何厄運會落到好人身上？想要更好地回答這個問題，我們理應先證明，宇宙由天意主宰，神存在於眾生之間。不過，既然你希望我割裂整體與部分，在頂層問題尚未明確的情況下，對其中一個部分進行回應，那我也不妨避難就易，探討一下眾神這麼做的緣由。這一階段，我們無須闡述宇宙這項宏偉的工程之所以能正常運轉歸功於眾神的守護，星辰的聚集和移動也並非機緣巧合。受偶然性支配的物體運動時常陷入混亂並最終消亡，宇宙卻得以在永恆法則的支配下，承載著海洋陸地的無數生靈以及天空中排列有序的耀眼繁星，令它們飛速而安全地運轉。這種規律並非源於隨機運動的物質，偶然交會的元素不可能以如此藝術的方式重新排列組合，進而讓千鈞之重的大地巋然不動，讓天體在身邊急速旋轉，讓海洋浸入山谷，讓氣候趨於溫和，同時還不必擔憂河流氾濫、

1 Lucilius，盧基里烏斯，塞內卡的好友，曾任羅馬帝國西西里行省總督。他對哲學感興趣，但更傾向於伊比鳩魯學派。

雜草叢生。即便是那些看起來混亂無序的自然現象，比如風雨交加、雷鳴、火山噴發、地動山搖以及其他一切由宇宙的不安分元素引發的現象，雖然總是突如其來，卻亦非無緣無故。我們之所以會感到驚奇，除了這些現象自身的原因，還因為它們出現的地點也非同一般，如海浪中的溫泉、海洋中的島嶼。海岸在海水退潮後會暴露無遺，又會在頃刻之間再次被海水吞噬，但凡看到這般景象，人們都會相信存在某種隱祕的變化法則，讓海浪時而消退散去，時而又隨著強大的暗流捲土重來。潮漲潮落是週期性現象，漲落日期和時辰取決於月亮引力。不過，我們不妨暫且將這些問題放在一邊，待時機合適再進一步討論。畢竟，你並未質疑天意的存在，只是抱怨天意的不公。鑒於此，我希望透過我的論述，你可以與眾神和解，因為眾神眷顧的定是好人。善良不會反被善良傷害，這是由萬事萬物的本質決定的。好人和眾神之間存在著一種由美德維繫的友誼。

我說了友誼，對嗎？其實，用「親情」和「相似性」來形容這種關係或許更為準確，畢竟，好人和眾神的唯一區別就是時間先後，他們更像是眾神的學生、競爭者以及真正的後代。如同嚴父培育子女，作為人類高貴的父母，眾神對好人的訓練也更為嚴苛，對他們的品行也更為關注。因此，當你看到眾神認可的好人在辛勤勞作、汗流浹背、痛苦掙扎，而壞人卻過著無法無天、紙醉金迷的生活時，要明白，換成我們，也希望自己的孩子謙虛低調，自己的家僕飛揚跋扈。我們對前者嚴加管教，卻放任後者肆意妄為。神的育人之道也是如此。他不寵溺好人，而是考驗他們，讓他們變得堅強，更加接近自己。

2

為什麼好人經常沒有好報？不，壞事不會落到好人身上，好壞這兩種截然相反的事物不可能結合在一起。世上有那麼多條河流，天空會降下無數場暴雨，噴湧的礦泉也不計其數，但是所有這些匯到一起都不會改變大海的味道，甚至不會將其沖淡一絲一毫。同理，逆境也擊不垮勇者的意志。勇者懂得如何讓內心保持平衡，不管外界發生了什麼，他的意志依然會勝出，因為那強過了任何外力。我不是說勇者感知不到挫折，而是說他總能夠戰勝挫折，並且能在這個過程中保持雲淡風輕、泰然自若的姿態，將不幸視為對意志的考驗。事實上，只要是有光榮夢想的男子漢，哪個不渴望在辛勤付出中履行職責——即便他要面對重重危險？只要是努力工作的人，哪個不會將無所事事視為懲罰？看看我們的運動員，他們提升自身的力量，選擇最強勁的對手比拚，訓練時還要求陪練員拿出全部力量與其交手。他們甘願忍受一次次的拳頭和傷痛，找不到能力匹配的對手時，他們便選擇一對多搏鬥，因為一旦缺少對手，他們的力量和勇氣也會隨之退化。只有透過展示忍耐力，他們才能證明自己的強大和勇猛。好人就應該這麼做。他們不應懼怕艱難困苦，不應哀歎命運多舛，無論遭遇到了什麼，他們都應該勇於承擔，並且努力將其變成福氣。其實，承受了什麼並不重要，重要的是選擇用何種方式去承受。

你有沒有發現，父親和母親在寵愛孩子的方式上截然不同？父親總是督促孩子訓練，讓他們揮汗如雨甚至痛哭流涕，即便是節假日也不許他們碌碌無為；與此同時，母親卻只想將孩子抱在腿上，怕他們被太陽曬傷，怕他們遭遇煩惱，見不得他們受苦流淚。像父親培養孩子那樣，神對待好人，也是男子漢之間的關愛方式。「讓他們，」神說：「在勞動、苦難和失去中磨煉自己，唯有如此才能獲得真正的力量。」那些生活安逸的人，挪動一下自己肥胖的身體都會覺得吃力，更不要提讓他們勞作了；那些生活太過一帆風順的人，輕微的打擊都會超出他們的承受能力；但那些和苦難一次又一次頑強鬥爭的人，卻被錘鍊得刀槍不入，從不向災難屈服，即便跌倒也會跪著戰鬥到底。你會不會奇怪，為什麼神明愛護好人，希望他們至善至美，卻安排他們站在好運的對立面？如果說，眾神有時想看看勇者如何面對困境，我倒不覺得驚訝。畢竟，看到勇敢的年輕人用長矛擊退襲擊他的野獸，或是面對迎面衝來的獅子毫不退縮時，我們也會由衷地高興。這種時候，人類表現得越勇猛，搏鬥的畫面就越吸引人。當然，這些只是人類微不足道的消遣，吸引不了眾神的目光。眾神欣賞自己的作品時，真正讓他們關注的，是勇者與苦難的較量，尤其是他親自安排的較量。要我說，朱比特注視人間時，他能看到的最偉大的景象，恐怕就是當盟友一次又一次失敗後，加圖依然能傲立於共和國的廢墟之上。朱比特會說：「即便一切都落入一個人的掌控又如何？就算凱撒的軍團駐守了每一寸土地，他的艦隊控制了每一片海洋，他的士兵封鎖了每一道城門，加圖依然不會被困住。他一隻手便能開闢通往自由的大道，而他手中那把即便在內戰中都沒有沾染過一絲恥辱和罪行的劍，依舊會被用於崇高的事業——雖未能給國家帶來自由，它終將會為加圖斬獲自由。來吧，靈魂，你現在終於可以完成那思索已久的任務，遠離世間恩怨了。彼得雷烏斯和尤巴[2]戰敗沙場，雙方決定死於彼此劍下，這無疑是與命運簽訂

2 **Petreius**，彼得雷烏斯，古羅馬政治家、將軍；**Juba**，尤巴，古羅馬附庸國努米底亞王國國王。二人均反對凱撒，戰爭失敗後選擇以決鬥的方式結束對方的生命。

的高貴契約，卻不適合我的偉大：對加圖來說，請求別人賜死和請求別人饒命一樣可恥。」

我相信，眾神看到加圖的選擇後定會備感欣慰。雖然對自己冷酷無情，加圖卻始終掛念著他人的安危，確保他們平安逃出；與此同時，即便到了生命最後一夜，他依舊潛心鑽研學問。他將寶劍刺進自己高貴的胸膛，拽出內臟，親手結束了那不應被兵器玷污的高貴生命。我更傾向於認為，加圖那一劍之所以沒能瞄準心臟，之所以沒有瞬間斃命，或許是因為眾神不忍看到加圖過早死去。於是，眾神讓他保留了行動的勇氣，在更艱巨的任務中展示了他的無畏。顯然，敢再死一次的人，比自殺一次更令人尊敬。自己的學徒用這種高貴難忘的方式為生命畫上句號，眾神又怎能不另眼相看呢？當凡人之死令眾人畏懼的神都肅然起敬時，他便也昇華到了神的境界。

3

這裡，我會進一步證明，表面看起來糟糕的事，本質上卻往往並非如此。首先我要說的是，你眼中的那些磨難、不幸以及我們祈求不要發生在自己身上的事，對個人甚至是眾神更關注的整個人類來說，實際上頗有益處。其次，即便是壞事，它們也是帶著善意落到人身上的，你可以不願遭遇，但至少要學會忍受。基於這一點，我還想補充，所謂不幸之事以及它們落到好人身上這一點，和好人能成為好人一樣，都是命運使然。我還會說服你，不要自作多情去同情好人。有人可能會說他倒楣，其實事實並非如此。

以上這些觀點，第一條似乎最難證明，也就是，那些令人畏懼顫抖的事，對遭遇它們的人來說是有益的。「難道你要告訴我，」你說：「流放他鄉、貧困潦倒、痛失親人、公開蒙羞、疾病纏身，這些對人們有益？」正是！如果你不認為這些事對人類有益，那想必你也不會相信外科手術、灼燒手術、饑渴療法對人的幫助。可是，為了治好疾病，有時患者必須接受刮骨療傷，甚至要接受被取下整塊骨頭，接受放血和截肢，如若不然，疾病就可能危及全身。說到這裡，相信你便會理解，有些不幸對人有益。在海克力斯看來，人們讚美和追求的事物，對樂在其中的人來說，很多都有百害而無一益，毀人於無形，比如暴飲暴食、酩酊大醉或是其他嗜好。在狄米特律斯說過的眾多警句中，有一句我最近才聽聞，它卻一直在耳邊迴響，令我激動不已。「在我看來，」他說：「從未遭遇不幸的人最不幸。」這類人沒有機會檢驗自我。

雖然他總能心想事成，甚至不想都能事成，但眾神顯然並不看好他，認為他沒有資格與厄運搏鬥。厄運會避開最膽小的懦夫，彷彿在說：「我為什麼要選那個人做對手？他只會立刻繳械投降。我都不用浪費力氣對付他，稍稍嚇唬嚇唬，他就會逃之夭夭，他甚至連面對我的勇氣都沒有。我還是去找找願意和我決一死戰的人比拚吧。和還沒開戰就放棄的人比賽，我自己都會臉紅。」在角鬥士眼裡，和弱者比武是恥辱，毫無危險的勝利也毫無榮耀可言。命運女神也是如此，她對懦夫不屑一顧，只選擇最英勇的人較量。只有面對最頑強不屈、最勇敢正直的人，她才願意使出全部力量。她用烈火考驗穆奇烏斯[3]，用貧窮考驗法布里奇烏斯[4]，用流放考驗魯提里烏斯，用酷刑考驗雷古魯斯，用毒藥考驗蘇格拉底，用死亡考驗加圖。因為苦難，我們才意識到偉人的光芒。

難道說，穆奇烏斯將右手放進敵人的火堆，主動為自己的錯誤付出代價，他就是不幸的？因為他此前手握寶劍未能戰勝敵人，如今靠燒焦自己的右手取得了勝利？難道說，將手塞進情婦胸前的溫柔鄉，他就會更幸福？

難道說，因為法布里奇烏斯不再公務纏身時便親自耕田翻地，因為他用和皮洛士[5]作戰的精神與財富鬥爭？因為作為德高望重的長者，他在爐灶旁用清除雜草時親手挖出的樹根和草藥充饑，他就是不幸的？你覺得呢？難道說，對著遠洋捕來的大魚和異國他鄉的珍禽大快朵頤，用不同海域的貝類刺

3 Mucius，穆奇烏斯，傳說中的古羅馬英雄，西元前五〇七年被敵軍俘虜，為表無畏，將右手放進燃燒的火堆，注視著火焰把手燒焦而沒有縮回，右手因此殘廢，被市民尊稱為「左撇子穆奇烏斯」。

4 Fabricius，法布里奇烏斯，古羅馬將軍，西元前二五〇年前後任執政官，以清廉著稱。

5 Pyrrhus，皮洛士，古希臘伊庇魯斯國王，曾帶兵與羅馬帝國交戰。

激早已麻木的肚子，用獵人冒著生命危險捕到的稀有動物為食，在它們周圍堆滿水果，他就會更幸福？

難道說，因為那些判魯提里烏斯有罪的人不得不世世代代為自己辯護，因為他寧願被自己的國家除掉，而不願被免於流放，因為他是唯一敢對獨裁者蘇拉說「不」的人，而從流放地被召回時，他卻甘願選擇自我放逐到更遠的地方，他就是不幸的？「讓那些，」他說：「您英明統治下的羅馬人，去看看鮮血浸透的廣場和賽維利烏斯水池上元老們的首級吧。因為上了蘇拉的公敵榜，這些人不得不丟掉性命。這座城市到處都是刺客，剛剛得到某個區域的安全保證，成千上萬的羅馬公民又被集中到別處殺害。讓那些無法選擇流放的人好好看看這一切吧。」說得好！難道說，盧基烏斯・蘇拉每次踏入廣場，都有刀劍開路，他想要哪個執政官的人頭就能要誰的人頭，還能令財務官動用國庫為流血事件買單，他就是幸福的？沒想到，所有這一切，竟始於那個頒布了《科尼利亞法》[6]的男人！

6 蘇拉所頒布的關於暗殺的法律，規定若犯此罪必須嚴懲。

我們再來看看雷古魯斯。看看為了讓他成為忠誠的榜樣、忍耐的楷模，命運女神都讓他經歷了何種苦難。他被鐵釘抽打得遍體鱗傷，無論疲憊的身軀想靠在哪裡休息都會壓到傷口，為此他不得不永遠告別了睡眠。可是，苦難越大，榮耀越高。他如此珍惜名譽，怎麼可能後悔？治好他身上的傷，再將他送回元老院，他依然會給出同樣的建議。難道說，梅塞納斯[7]為情所困，終日為妻子的不忠以淚洗面，只有聽到遠處的音樂聲才能勉強入睡，他就更幸福？他用酒精麻醉自己，用流水聲分散注意力，用上千種消遣轉移煩惱，可即便如此，枕著羽毛枕的梅塞納斯，睡得也不如刑具架上的雷古魯斯安心。雷古魯斯為了榮耀受苦，因此可以從苦難中跳脫出來，轉而關注苦難背後的意義；另一個卻被縱情聲色弄壞了身體，對一切快樂都感到厭煩，對他來說，痛苦背後的原因要比痛苦本身更難承受。人類尚未被惡征服，如果他們有權選擇自己的命運，毫無疑問，更多人會願意成為雷古魯斯，而非梅塞納斯。如果有人敢說他寧願一出生就是梅塞納斯，那即便嘴上不承認，他

7 Maecenas，梅塞納斯，奧古斯都的謀臣，著名外交家、詩人、藝術家保護人，詩人維吉爾和賀拉斯都曾蒙他提攜。

也一定會成為特倫西婭[8]而非西塞羅那樣的人。

你是否為蘇格拉底叫屈，因為他喝下了雅典人為他準備的毒酒，好像要用這種方式永垂不朽一樣？不僅如此，臨死前他還沒有停止討論死亡。你是否覺得，隨著死亡的寒意慢慢包裹身體，他的血液漸漸停止流動，這是命運對他的虐待？與此同時，有些人喝東西總要用昂貴精緻的金酒杯，需要被訓練有素的閹人送到嘴邊，用冰雪冷卻後才會飲用，難道說他們更值得羨慕？那些人不管喝什麼都要往外吐，邊吐邊噁心自己膽汁的味道，而蘇格拉底面對毒藥，卻可以愉快從容地一飲而盡。

至於加圖，我已經說過太多了。被自然選中，認為其有能力和自己的巨大威力作鬥爭，這類人無疑是最幸福的。「強敵的仇恨令人痛苦，」她說：「因此，讓他站在龐培、凱撒和克拉蘇的對立面吧；競爭公職時被不如自己的人打敗令人痛苦，因此，就讓他被瓦提尼烏斯[9]打敗吧；深陷內戰令人痛苦，因此，就讓他在世界各地為正義浴血奮戰吧，在這個過程中他還要遭遇

8 Terentia，特倫西婭，梅塞納斯的妻子，據傳與奧古斯都有染，此處用以指代惡人。

9 Vatinius，瓦提尼烏斯，凱撒的支持者，西元前五五年競選副執政官時擊敗了加圖。

各種挫折和厄運；自殺令人痛苦，因此，就讓他對自己動手吧。你問我這麼做的好處？那就是，人類會因此明白，這些只有加圖才值得經歷的事，並不是真正的壞事。」

4

不管是平庸無奇、享受低級趣味的人還是偉人，他們都可能被好運光顧，但災難和恐懼卻只有偉人能戰勝。那些一直活在好運中，從未經歷過任何精神痛苦的人，他們對自然頂多也只能是一知半解。你說自己偉大，但如果命運不提供任何展示美德的機會，別人又怎麼會知道？這就好像置身奧林匹克運動場，你是場上唯一的選手，就算拿到了桂冠，也不能算是真正的勝利。我沒法像祝賀勇者那樣祝賀你，只能像恭喜榮升執政官的人那樣恭喜你——你獲得的只是一個身分。對待好人我也持這種態度。如果環境從未給過他展示品質的機會，我只能說：「在我看來，你一直快樂，因此反而不快樂。你一生中從未碰到勁敵，因此沒人知道你的能耐，包括你自己。」不歷經考驗，人就不會瞭解自己，不會清楚自己的能力。正因如此，一切順利時，不少人會自願追逐苦難，給美德一個在世人面前閃耀的機會，否則它就只能被埋葬在黑暗中。要我說，偉人面對不幸，就像英勇的戰士面對戰爭一樣，常常都是歡欣鼓舞的。我曾聽說，提比略・凱撒[10]時期的角鬥士特里姆菲斯曾經抱怨表現機會太少。「曾經的輝煌時代，」他說：「已經一去不復返了。」

真正的勇士貪戀危險，他們在意的更多是該如何努力，而非所要經歷的磨難，因為磨難也是榮耀的組成部分。士兵以負傷為榮，對盔甲上的鮮血津津樂道。從戰場歸來毫髮無損的士兵或許同樣英勇，但負傷歸來的英雄卻更令人欽佩。神想要一些人流芳百世，於是對他們格外青睞，不斷給他們提供機會，讓他們精神抖擻、英勇無畏地去完成勇者才能完成的重任。只有在風

10 Tiberius Caesar，提比略・凱撒，羅馬帝國第二位皇帝。

暴中我們才能評價領航員的水準，只有在戰場上我們才能分辨士兵的能耐。假如你一生富貴，我又如何知道你貧困時能否雲淡風輕？假如你一直生活在掌聲中，民眾總是毫無緣由地對你青睞有加、言聽計從，我又如何知道你在面對羞辱、詆毀和怨恨時有堅定的決心？假如你到老都家庭平安、兒女滿堂，我又如何知道遭遇喪子之痛時你有多克制？那些你安慰別人時會說的話，我想知道它們能否安慰你自己，讓你自己停止悲傷。我懇請你，不要畏懼不朽之神在我們腦海中種下的荊棘。不幸給予美德機會。那些因享樂過度而麻木遲鈍的人才實屬不幸。他們帶著慵懶的滿足感在平靜的海面漂浮，遇到任何一點風浪都要大驚小怪。挫折對不熟悉它的人打擊最大——脖子越柔弱，鎖鏈越沉重。新兵一想到受傷就會面色蒼白，老兵卻知道流血才可能贏得勝利，因此能夠勇敢地面對身上的鮮血。神也在用同樣的方式磨煉、評估、訓練自己想要考驗和愛護的人。那些看似被神縱容和寬待的人，神只是讓他們變得經不起挫折而已。這世上沒有誰能幸福一輩子。那些看起來總是順風順水的人，總有一天會面臨應得的災難。他們沒有逃脫不幸，充其量只是緩了一緩。

為什麼神要用疾病、悲痛和其他不幸去折磨優秀的人？在軍隊中，最危險的任務往往會分給最英勇的士兵。將軍會派最善戰的部隊在午夜伏擊敵人、偵察敵軍路線或是將最危險的對手趕出敵營。沒有人會在接到任務時說：「將軍這是在故意刁難我。」相反，他們會說「將軍這是看得起我」。換成弱者和懦夫會痛哭，那些承受了苦難的勇士卻會說：「神這麼做是因為我們值得，他想在我們身上看到人類對痛苦的承受力。」

因此，不要再紙醉金迷和沉迷於低級趣味了，人會因此變得萎靡不振。除非這時發生了什麼讓他意識到，不幸是不可逃避的命運，否則他就會像終日爛醉如泥一樣，渾渾噩噩過日子。他有堅固的住所遮風擋雨，有隨時更換的熱毛巾溫暖雙腳，連餐廳溫度都有地板和牆壁上裝的熱循環系統調節，這時，哪怕只是微風輕輕一吹，對他來說都有危險。凡事超過一定限度就會變壞，其中安逸過度危害最大。它會削弱意志，在真理和謬誤的分界籠罩一層濃霧，讓人陷入虛無縹緲的幻想。在美德的指引下忍受這樣那樣的不幸，難道不是好過因享樂過多猝死嗎？好東西吃太多會脹破肚皮，相比之下，死亡對饑餓的態度更溫和。

眾神對待好人，就像老師對待學生，越是有前途越會嚴加要求。斯巴達人為考驗孩子的毅力，經常在大庭廣眾之下鞭打他們，這不正是因為愛嗎？父親會鼓勵他們勇敢地挨鞭子，即便已經渾身是傷、半死不活，仍要求他們露出受傷的身體，接受新一輪的懲罰。既然如此，神用苦難考驗高尚的美德，又有什麼需要質疑的？輕輕鬆鬆得來的不叫美德。如果命運抽打、摧殘我們，那好，默默忍受吧，這不是殘忍，而是戰鬥，參與越多越勇敢。身體最強壯的部位正是使用最多的地方。把自己交付給命運，接受命運的錘煉，越是與命運作鬥爭，就越會被打磨成與之匹敵的對手；越是習慣危險，就越能蔑視危險。水手的身體因大海衝擊而變得強壯，農民的雙手因辛勤勞作而結滿老繭，士兵的雙臂有足夠的力量投擲標槍，運動員的雙腿靈活矯捷——長期訓練的部位總會變強壯。同理，越是懂得忍耐，人便越會輕視不幸的威力。想知道忍耐會帶給我們什麼，就看看勞動給那些衣不蔽體的部落帶來了什麼。他們因為貧窮而變得強大。想想羅馬帝國以外的民族，日爾曼人還有在多瑙河流域與我們作對的遊牧民族，他們不得不忍受長久的嚴寒和惡劣的氣候，不得不依靠貧瘠的土地維持生息，不得不用草葉遮風擋雨，不得不在冰封的沼澤上終日奔波，不得不靠獵取野生動物為食。你能說他們不快樂嗎？對於已經將以上種種視為日常生活的人來說，他們根本不會覺得不快樂。或許最初這麼做是出於無奈，但慢慢地就會在其中找到樂趣。他們沒有可以稱之為家的地方、沒有適合休憩的場所，疲憊得不行了，便就地休息一會兒；他們的食物簡陋得難以下嚥，即便如此也還需要親手得來；氣候條件糟糕透頂，他們卻連像樣的衣服都沒有。這些在你看來艱苦至極的環境，對這些民族來說只不過是日常生活罷了。以此類推，說挫折和磨難令好人無堅不摧，又有什麼值得大驚小怪的呢？樹木不經歷風吹雨打往往不能根深蒂固，只有被狠狠搖晃過，根基才會紮得更深，樹木才會更牢固。有山谷遮風擋雨的樹木最弱不禁風。同樣，好人也需要經歷風雨。時刻生活在警覺中，人就不會動輒受驚沮喪，面對那些對不懂得忍受的人來說糟糕透頂實則並非壞事的遭遇時，也會更有耐心。

5

這裡我還想補充一點：讓最傑出的人去當兵或是勞動，對大眾來說無疑是有益的。神和智者都想證明，眾人渴望和恐懼的東西，本身並無好壞之分，在這一點上他們是一致的。然而，如果某樣東西神只賜給好人，大家就會覺得那是好東西；反之，如果只留給壞人，大家就會覺得那是壞東西。如果說，只有活該見不到光明的人才會失明，除此以外任何人都不會遭此不幸，那失明就會成為一種詛咒。因此，神讓阿庇烏斯和梅特路斯[11]生活在黑暗中；財富談不上是好東西，因此，埃利烏斯這個拉皮條的也會富有，而人們奉獻給神廟的金錢，妓院裡也一樣找得到。將人們趨之若鶩的東西賜予壞人而非好人，神在用這種辦法讓我們質疑這些欲望。「可是，」你說：「讓好人身體孱弱、擔驚受怕甚至枷鎖加身，壞人卻可以完好無損地逍遙法外，這不公平。」可是，讓勇者緊握武器、夜宿軍營，傷口尚未癒合就要裹著繃帶守城站崗；與此同時，閹人和妓女卻可以在城中悠然自得，這難道就公平嗎？高貴的修女每天半夜起身祭祀，墮落放蕩的女人卻能享受安穩的睡眠，這難道就公平嗎？最優秀的人往往最辛苦。元老們終日為國事辯論，小混混們卻不是在戰神廣場消遣、在餐館大吃大喝，就是在跟狐朋狗友聚會。站在整個世界的角度看也是如此。好人辛苦工作，為別人的事情費力傷神，一個個還付出得心甘情願。他們不是被命運拖著走，而是追隨命運的步伐，和她保持步調一致，要是認路，恐怕還會跑到命運前面去。我記得，勇敢的狄米

11 二人均為羅馬著名的盲人政治家。

特律斯曾說過這番意氣風發的話：「不朽的眾神啊，要說我有什麼抱怨，那就是你們應該把想法早一點告訴我。那樣的話，我就能更早聽到你們的召喚，過上如今這般的生活了。想帶走我的孩子？我就是為了你們才將他們養育成人。想取我的一部分身體？拿去吧，也不是什麼了不起的東西，將來我還要把整個人都還給你們。想取我的性命？這原本就是你們賦予的，物歸原主又有什麼需要猶豫的呢？不管你們要什麼，我都會心懷感激地拱手相送，不，應該說，與其被迫歸還，我寧可主動奉獻，根本無須勞煩你們出手相奪，說不定你們不說我也會交出去。所以說，你們從我這搶不走任何東西。如果一個人願意給，那就談不上搶。」

我沒有任何束縛，便也談不上遭遇不合心意的痛苦；我並非神的奴隸，而是他心甘情願的追隨者。我知道，世間一切都遵循著永恆法則的安排。我們被命運指引，壽命在出生那一刻就定好了。原因和原因之間彼此相連，一條長長的命運鏈決定了公事和私事在內的一切。因此，遇事要有耐心，事情不是隨機發生的，而是有法可循的。你會為什麼歡喜，又會為什麼哭泣，這些事情早已命中註定。個體的命運在細節上似乎千差萬別，但終究會走向同一個歸宿：很快，我們都會死去，命運贈予我們的禮物也會隨之消失。因此，又何必憤怒，何必哀傷？面對命運，我們已經做好了準備，既然我們的身體原本就是自然的饋贈，那她願意怎樣就怎樣吧。不管遭遇什麼，讓我們都保持歡欣鼓舞吧，畢竟失去的東西本來就不屬於自己。好人要做的，就是將自己託付給命運，和宇宙命運與共無疑是一種巨大的安慰。人類和眾神都要踏過那條無法改變的溪流，決定我們生死的命運，眾神也要面對。就連宇宙的創造兼統治者本尊，在設定命運法則的同時，也要遵循它的引導。他只在最初下過一次命令，之後也都在依令行事。「但為什麼神在分配命運時如此不公，非要讓好人遭遇貧窮、傷痛和英年早逝呢？」正如匠人無法改變手中的原材料，神也無法變更事物的本質。有些特徵註定會緊緊綁定在一起，不可分割、無法分離。頭腦呆板、睡眼惺忪、昏昏沉沉的人是由惰性元素構成的，要造就值得一提的人，就必須用上更強的元素。他的人生不能一馬平川，需要勞碌奔波、歷經磨煉，才能駕著人生的小船穿過風雨交加的海面。他必須頂住命運的壓力，堅持走自己的路。沿途遇到堅硬的東西，他要設法使其柔軟；遇到粗糲的東西，他要設法使其光滑。

烈火見真金、患難出英雄，看看美德需要攀登怎樣的高峰，你就會明白，好人沒有安全的路可走。

一開始，道路陡峭險峻，我的駿馬
雖休憩過後神清氣爽，還是不敢前行。
最高處聳入天際，
每當我望向大地和海洋，
恐懼和戰慄都會穿透胸膛。
道路盡頭陡然直下，

手中轡繩必須緊握，
一旦沉入波濤之中，
泰西斯在水底也會顫抖，
生怕我一頭栽到她身上。[12]

聽到這番勸阻，那個意氣風發的年輕人回答道：「這沒什麼好抱怨的，我願意攀登這座高峰，即便中途倒下，去過這樣的地方也值得。」不過，做父親的還是試圖用恐懼擊退年輕人那顆勇敢的心：

即便你永不偏離路線，
每一步都走得萬無一失，
你也必然會遭遇公牛座的尖角、
獅子座的兇猛和射手座的箭矢。

12 出自奧維德（Ovid）《變形記》（*Metamorphoseon libri*）。

對此，年輕人的回答是：

我會駕著你給我的戰車，
你嚇唬我的東西反而令我振奮，
我要去那太陽神都畏懼的地方。

在安穩的道路上只有苟且偷生的懦夫。真正的勇士，他的征途永遠巍峨高遠。

6

「即便如此，神為什麼允許壞事落到好人身上？」不對，神不但從未允許過，相反，他還讓好人遠離可恥的犯罪和惡行、不切實際的想法、貪婪的詭計、盲目的欲望和對他人財富的覬覦——神在保護和拯救好人。難道說，關注品格還不夠，神還要同時照顧好人的隨身行囊？好人才不會這麼麻煩神，更何況這些身外之物他們自己都看不上。德謨克利特摒棄財富，認為它是高尚情操的負擔。因此，如果好人有時會心甘情願地選擇不幸，神也沒有百般阻攔，這又有什麼奇怪的？你說，好人常遭遇喪子之痛，為什麼不？有時他們甚至會親手處死自己的孩子；好人常遭遇流放之苦，為什麼不？有時他們甚至會主動離開家園，永不回頭；好人常遭遇殺身之禍，為什麼不？有時他們甚至會親手剝奪自己的生命。好人為什麼要經歷痛苦？這樣他們就可以告訴其他人，面對這些情況應當如何應對——他們天生就是世人的榜樣。不難想像，用這種方式，神其實是在說：「正義之士啊，你們何必抱怨？我用虛假的幸福包裹別人，用縹緲漫長的夢欺騙他們無知的心靈，用金銀象牙裝扮他們的外表，但他們的內心卻空空如也。那些你眼中的幸運兒，如果你能穿透他們外在生活的表像，看到他們隱藏的內心，你就會明白，他們並不幸福。他們的內心卑鄙而醜陋，像塗抹過的房屋牆壁，他們只是徒有其表而已。那些所謂的好運既不真實也不牢固，只是一層外在的裝飾，而且是很薄的裝飾。如果他們能保持安穩的生活，隨心所欲地展示自己，那他們的確可能看上去光輝燦爛、鋒芒畢露；可一旦有動搖他們地位、揭下他們面具的事發生，人們就會看到，虛假的光環下，他們原來竟是那樣地腐朽和不堪。而我賜予你的，卻是貨真價實、經久不衰的寶物。你越是翻來覆去審視它，從各個角度考量它，就越會覺得它偉大而美好，因為那是蔑視危險和摒棄衝動的能力。你的優秀品質都藏於內心，不需要向外界展示光芒。宇宙也一樣，相比於外界的東西，她更欣賞自身的思考。我已經把真正的好東西都放在你心裡了，無須幸運光顧便是你真正的幸運。」

「『可是，人們遭受的很多東西都是悲傷、可怕和難以承受的。』好吧，既然我沒有辦法將它們從你註定要走的路上挪走，那我就只能賜予你戰勝一切的力量。勇敢地承受吧！做到這一點，你就超越了神。神不用承受痛苦，而你卻超越了痛苦。鄙視貧窮吧，人再窮也窮不過剛出生；鄙視痛苦吧，結局不是它消失便是你消失；鄙視死亡吧，你無非就是結束了生命，或是到了別處；鄙視命運吧，我從未賦予她征服心靈的武器。最重要的是，我會確保任何人都不能逼迫你違背自己的意志——逃離的道路就在前方，不想戰鬥也可以選擇離開。正是由於這個原因，相比於其他重要的事，死亡卻要容易很多。既然往下走容易，我便將人的生命安排在下坡路。仔細觀察便會發現，通往自由之路簡單明瞭。想要逃離這個世界的人，會發現離開要比他們來到這個世界簡單很多，這也是我的刻意安排。如果死亡和出生一樣緩慢，命運對我們就會有很大的支配權。讓宇宙告訴你，與自然決裂、退還她的饋贈是何等容易。莊嚴的祭祀儀式上，當你站在祭壇前為生命祈禱時，也學會如何面對死亡吧。一個小小的傷口能讓健壯的公牛倒下，人的奮力一擊會打倒力大無比的猛獸，一把薄薄的刀片就能割斷脖子，而一旦脖子和腦袋的連接斷了，再偉大的身軀都將不復存在。」

「生命的氣息藏得並不深，不用武器就能讓它消逝。不是說非要用劍在身體裡仔細搜索才能找到生命之源，只需傷及表面就會帶來死亡。剝奪生命不需要特定部位，身體無論是哪裡都能被刺穿。死亡這件事，也就是呼吸離開身體的過程，其實非常迅速，以至於你都覺察不到——無論是用繩結勒住脖子，還是用水堵住呼吸；無論是從高處墜落，撞到堅硬的地面，還是被吸入的濃煙剝奪了呼吸——不管是哪種死法，過程都轉瞬即逝。花這麼長的時間去擔憂瞬間就能了結的事，你難道不覺得臉紅嗎？」

論閒暇

DE OTIO

人類的思想不滿足於認識眼前的事物，
它還想衝破天際。

……[1]順應大眾的觀點，向我們兜售各種惡習。即便我們不嘗試別的途徑，閒暇本身也有益身心——學會與自我相處讓我們成為更好的人，更何況，我們還可以選擇與智者相處，向他們學習。這些機會只有在閒暇中才能獲得，只有這時，我們才能著手去做想做的事，不讓假借好心幫忙的人來擾亂我們本不堅定的判斷；也只有這時，被我們用相互矛盾的理由拆解得七零八落的人生，才能步入平穩、堅定的路途。所有惡習中，最糟糕的莫過於我們連惡習本身都要推陳出新——我們甚至連一個熟悉的惡習都堅持不下去。我們的判斷不僅錯誤，還飄忽不定。那些曾經滿足欲望的事物，很快就會令我們生厭。我們反覆無常，一會兒要抓住這個，一會兒要抓住那個，拋棄追尋已久的東西，追尋業已拋棄的東西，在欲望和悔恨之間搖擺不定。我們總依賴別人的判斷，不管應該追尋和推崇什麼，只關心別人追尋和推崇什麼，別人想要的總是最好的。選擇人生道路時，我們不看道路本身，而是看別人留下的腳印，卻不知沒有一對腳印能走得回來。

1 本文開篇部分已失傳。

這時你會說：「你在說什麼，塞內卡？難道你要拋棄同道嗎？你們斯多噶學派不是常說，要工作到生命最後一刻，永不停止為公共利益服務；要幫助他人，即便虛弱衰老，也要向眾人甚至敵人伸出援手；不要因為年事已高而選擇隱退，要像那位偉大的詩人說的，『頭戴金盔壓蒼鬢』[2]；因此，死亡來臨前，人不能悠閒，甚至連死亡本身都不能算作悠閒——如果這就是人們所要承受的生活。為何你身在芝諾的學派，卻要宣揚伊比鳩魯的主張？如果你懷疑自己的學派，又為何不將其徹底拋棄，而要選擇背叛它呢？」關於這一點，容我直截了當地回答：「難道我的所言所行都要和老師一模一樣，你才會滿意？但那又能說明什麼？我的目標是他們引導我做的事，而非吩咐我做的。」

我會向你證明，我並沒有拋棄斯多噶學派的教誨，不僅如此，斯多噶學派本身也沒有拋棄先輩的教誨。我選擇以先輩為榜樣，而非重複他們的言語。我將分兩部分來證明自己的觀點：第一，你可以早在少年時代就全身心

2 出自維吉爾《艾尼亞斯紀》（*Aeneis*）。

地追求真理，為尋覓生命的真諦搭建連貫的知識基礎，在獨處中修行；第二，你也可以在年事已高、履行完公共職責，且頭腦尚為清晰時，將重擔轉交別人後選擇隱退。就像維斯塔貞女[3]，她們一生要履行不同的職責，不僅要學習主持各種儀式，還要在學會後將禮儀傳授他人。

我會向你證明，我的觀點和斯多噶學派的主張並不矛盾。我這麼說並不是要標榜自己不會違背芝諾或克利西波斯的任何教義，而是因為事實本身就一目了然地印證了他們的主張。信奉某人的觀點不代表非要和他共處一室，站在同一學派就足夠了。如果世間一切都能被徹底領會，真理清晰可見且為大眾接納，人們永不偏離核心原則，那該有多好！現在，我們必須與傳授真理的先輩們一起，在探索的路上繼續前行。

在這個問題上，伊比鳩魯和斯多噶學派差異巨大卻又殊途同歸。伊比鳩魯說：「除非萬不得已，智者不應參政。」芝諾則說：「除非萬不得已，智者應該參政。」兩者的結論都指向了閒暇，且各自都有充分的理由，雖然這

3 編註：古羅馬侍奉爐灶和家庭女神「維斯塔」的女祭司。

些理由涉及了很多方面。如果國家腐敗得無可救藥、惡行大肆當道，智者便不必再為國家瑣事奮鬥，奮鬥也只是浪費精力；如果智者無權無勢，國家也不會允許他來指點江山；如果智者身患疾病，他也不必踏上這段不堪重負的旅程，這和我們不放破船下海、不讓瘸子參軍是一個道理。因此，即便擁有自由選擇的權利，人也可以在尚未遭受命運摧殘前，待在安全的地方鑽研學問，在閒暇中培養美德，做到這些並不需要參與公共事務。當然，歸隱之人理應讓（如果可能）自己的研究造福眾人；如若不能，就造福一部分人；如若還不能，就造福身邊的人；再不能，就造福自己吧。如果研究學問對其他社會成員有益，那他其實也是在為公共事務服務。同理，人變壞損害的不僅是自己，還有他原本可以造福的人。讓自己變得更好便是造福他人，因為提供的東西能讓他人受益。

每個人都身處兩個國家：一個是屬於全人類的偉大國度，在那裡，眾神與人同在，我們無須再去尋找偏僻的角落，陽光普照的地方就是國土；另一個是我們碰巧出生的地方，雅典、迦太基或其他——這個國家只屬於特定的群體，而非全人類。有人同時為這兩個國家服務，一個是偉大的、另一個則是不那麼偉大的，也有人只為兩者之一服務。即便歸隱，我們也能盡責地為那個偉大的國家服務。應該說，歸隱更有利於我們為之服務，因為只有這時，我們才能更好地思考美德的定義和表現形式，思考自然和藝術哪個更能讓人向善；思考承載著海洋、陸地以及其中萬物的容器是一個整體，還是眾神散落人間的相似載體；思考形成宇宙的物質是統一連貫、不受時空約束的，還是虛無和實體的混合；思考神居住在何方，面對自己創造的萬事萬物，神是旁觀者還是積極的操控者，是脫離萬物的存在還是蘊含在萬物之中；思考世界應歸於永恆，還是應歸於短暫和消亡。思考這類問題有什麼意義？意義就是見證神的工作。

我們常說，至善是順應自然。自然之所以孕育人類，目的就是讓其思考和行動。我先來論證前一個觀點。其實這一點無須多言，每個人只要問問自己，他對未知的事物有沒有渴望，聽到新鮮的故事會有多興奮，我剛才說的便不言自明了。有人揚帆起航，承受長途跋涉之苦，只為多探尋一些遙遠而隱祕的真相。人們喜歡這些，他們想要發現隱祕的東西，探尋暗處的秘密，還原歷史的真相，打聽野蠻人的生活。自然清楚自己的能力和美貌，於是賦予我們好奇心，讓我們作為觀眾去欣賞她的偉大和輝煌。畢竟，如果那些偉大、輝煌、精巧、耀眼和美輪美奐之物只能用於孤芳自賞，那未免太過於乏味。自然希望自己被熱切凝視，而非隨意一瞥，因此才讓我們出生在這裡。她將我們放置在世界中心，給我們機會看到周圍的一切。她不僅讓人類直立行走，還在他靈巧的脖子上裝了善於思考的腦袋，這樣他就可以追隨星辰的軌跡一覽世間萬物；她讓黃道十二宮的六個星座在白天升起，六個星座在晚上升起，這樣不僅能展示自己的每個部分，還能讓人類透過觀察這些現象，產生對未知事物的強烈好奇。畢竟，我們的目光不能覆蓋萬事萬物，無法觸及事物的全貌，但觀察範圍內的事卻為我們揭示了一條探索之路，為發現真理奠定了基礎，讓我們能夠透過已知發現未知，甚至發現比這個世界本身更古老的東西。天上的群星來自何方？在各種元素渾然一體、尚未分開前，宇宙又是什麼樣子？是誰將這一團黑暗和混亂分離開來？又是誰為世間萬物找到各自的位置？輕的物體上升、重的物體下落是因為自身屬性，還是說引力之外，某種更偉大的力量給萬物定下了法則？人是否具有神性？難道說，像繁星灑向世間的光芒，一部分神靈也降落下來，在這陌生的大地繁衍生息？人類的思想不滿足於認識眼前的事物，它還想衝破天際。「我想，」她說：「去探索世界之外的事物。那會是無邊無際的還是有自己的邊界？遙遠的事物是什麼樣子？是不規則、混亂、充斥在各個方向的，還是按一定秩序分隔成獨立的空間？那裡是與我們的世界為鄰，還是與我們遙遙相望，在某個真空中旋轉？那裡產生和將要產生的事物是由原子組成，還是說是由某種連貫且可變的材質構成？那裡是否存在對立的成分，還是說各種元素雖不相同但從不衝突，總能和平共處？」人生來就要回答這些問題。即便一個人聲稱所有的時間都屬於自己，恐怕那也還是不夠用；即便他能確保時間不從指尖悄悄溜走，不因粗心大意而白白浪費；即便他盯著時間一刻不鬆懈，不僅如此，他還擁有人類最長的壽命和不被命運擾亂的生活——即便所有這些都成立，用有限的生命思考無限的問題，時間也還是不夠。因此，全身心投入自然，做自然的崇拜者和服務者，就是順應自然生活。而自然希望人能做到兩件事：行動和自由思考。這兩件事我都會盡力做好，沒有行動便沒有思考。

「不過有一點很重要，」你說：「你思考是否只是為了享受？為思考而思考，卻不在意思考的結果。畢竟，思考令人愉悅，有自己的魅力。」對此，我的回答是，你必須懷著平衡的心態參政，這一點很重要，否則你就不會平靜，不會有時間將注意力從人轉移到神。追求物質卻不重視美德，埋頭苦幹卻不培養能力，這些做法都不值得稱道（它們本應相互融合）。同理，美德缺少了行動就會變得慵懶和不完美，展示不出自身的進步，因為進步只能在行動中收穫，相信這一點誰都不會否認。人不僅要考慮做什麼，還要果斷行動起來，將思考變成現實。然而，如果一個人擁有了智慧，也擁有敢於行動的勇氣，但現實社會卻沒有他的用武之地，那選擇歸隱也無可厚非。選擇隱退時，智者在想什麼？他一定是在想，自己要做的事情將造福後人。毫無疑問，芝諾和克利西波斯所做的，要比統領軍隊、擔任公職並取得榮譽或是制定法律更偉大，因為他們不是在為某座城，而是在為全人類工作。這麼說來，好人隱居又有何不妥？他利用隱居生活為後世制定了規範。他不是在與少數人，而是與全人類、現在和未來世界的人對話。作為總結，讓我來問問你，克里安西斯、克利西波斯和芝諾是否在按自己的準則生活？你肯定會說，他們都在按照各自眼中生活應有的樣子活著——但他們誰都沒有將自己置身於國家事務。「這或許是因為，」你說：「他們的財富和地位不足以讓他們獲取公職。」可是，很多財富、地位相仿的人也並沒有去過隱居生活，而他們卻在隱居中創造了比忙碌和揮灑汗水更有益於人類的價值。雖然沒有參與公共事務，他們卻為人類貢獻了更多。

生活可以被劃分為三種，哪種最好這一問題一直為人類所探尋。第一種生活注重享樂，第二種注重思考，第三種注重行動。如果我們願意把哲學上的爭論和鄙視暫且拋開，我的看法是，這三種生活並非彼此獨立。事實上，不管你給它們貼什麼樣的標籤，這三種生活最後都還是會融為一體。注重享樂的人並非徹底不思考，注重思考的人並非完全不享樂，注重行動的人更離不開思考。「三者最重要的差別是，」你說：「一件事到底是最終目標，還是其他意念的副產品。」這麼說當然沒錯，但不同的生活方式不可能截然不同：一個人不可能只思考不行動，也不會只行動不思考，而第三種人（人們可能對他們評價不高）看重的也未必是隨隨便便的享樂，而是理性思考後那種穩定而持續的快樂。可見，追求享樂本質上也是行動。是啊，人怎麼可能不行動？連伊比鳩魯都說過，有時他會從享樂中抽身去追求痛苦，以免享樂之後痛苦隨之而來，或者說透過這種方式用小苦代替大苦。為什麼我要說這些？為了證明所有人都願意思考。不過，思考對其他學派來說是終極目的，對我們來說卻只是旅途的一部分，而非永恆的港灣。

我還想補充一點，在克利西波斯看來，隱居是可接受的——這裡，我不是說一個人可以隱居，而是說他可以主動選擇隱居。我們學派不支持智者隨隨便便就決定為某個國家服務。為什麼說智者選擇隱居很重要（不管是因為國家辜負了他，還是他辜負了國家——不過我們倒可以假定國家總會辜負智者）？因為，對有批判精神的人來說，哪個國家都有令人失望的地方。我想問，哪個國家適合智者參政？是雅典嗎？在那裡，蘇格拉底被判死刑，亞里斯多德為了躲避同樣的命運不得不流亡國外。嫉妒戰勝了美德。你肯定會說，這種環境不適合智者參政。為迦太基效忠也一樣。那裡暴亂不斷，好人永遠活在危險中。人們蔑視正義和美德，對敵人甚至同胞施加極不人道的酷刑，智者同樣需要逃離。總之，審視哪個國家，我都會發現智者和它互不相容。既然找尋不到想像中的完美國度，隱居便成了必然，因為比隱居更好的選擇根本不存在。如果有人讓我選擇最好的航線，接著又說不要去海難頻發、風暴突如其來、船隻不得不經常偏離航線的海域，那我沒理解錯的話，這個人雖然嘴上念叨著遠航，其實並不贊成出海……

論幸福生活

DE VITA BEATA

美德這位最高貴的夫人一旦淪為快樂的侍女，
靈魂裡便註定不會有偉大的東西。

1

加利奧[1]兄長，每個人都希望自己生活得幸福，但到底怎麼樣才算幸福，他們卻並不清楚。獲取幸福並非易事，一旦選錯了道路，越是想要迅速抓住幸福，反倒會離幸福越行越遠。畢竟，方向如果都反了，再快的行動也只不過是在加大與最初目標的距離。

因此，我們先要選定目標，之後再確認實現這一目標的最佳途徑。一旦踏上正確的道路，我們就能知道每天又向前邁進了多遠，離出於本能想要到達的目的地又接近了多少。但如果我們缺少指導，被四面八方而來的喧鬧和雜音干擾，總是漫無目的地遊蕩，生命就會被接踵而來的錯誤消耗殆盡——這種情況下，即便我們夜以繼日地拚命追求健全的智慧，時間也難免不夠用。因此，務必明確目標和實現途徑，最好再配備一位經驗豐富、探索過這一途徑的嚮導。

1 加利奧（Gallio），塞內卡的哥哥阿奈烏斯・諾瓦圖斯，被收養後改名尤尼烏斯・加利奧。

畢竟，和其他旅程相比，這趟旅途非同一般。對其他旅途來說，許多道路都早已被人熟知，開口問問當地居民就可以少走冤枉路；但如果是尋找幸福生活的旅途，最好走、最常走的路卻最具欺騙性。因此，這裡必須要強調，我們不應像綿羊那樣，只顧跟著前面的羊群走，否則我們就只會走別人在走的路，而不是本應走的路。其中最大的問題就是，我們總傾向於相信他人的說法，覺得大眾認可的東西才是最好的。既然有那麼多人走在前面，我們便也不妨按通用的規則生活。這麼做不是出於理性，而是出於模仿。結果就是，大家你追我趕，爭先恐後地邁向毀滅。這種情況在生活中隨處可見，一群人擠作一團時，你推我搡，誰跌倒了都免不了要拉上別人，前面的人總會傷及後面的。

誤入歧途不僅傷害自己，還會直接或間接地誘惑他人犯錯。跟隨前人很危險。如果說，相比於自己判斷，我們更願意相信他人，那對於生活，我們就喪失了全部判斷力，有的只是盲目的信任。於是，謬誤從這個人傳遞到那個人，最終裹挾著所有人一起走向毀滅。我們之所以失敗，就是因為總以別人為榜樣。從人群中抽離出來吧，這樣才有機會做自己。可惜，眾人在替自己的錯誤辯解時總是毫不講理。選舉時就經常能碰到這種事，一旦輿論變了，即便當初投了贊成票，面對當選官員也會表現得大為驚訝。上一刻還在推崇的事，下一刻就可能反對，這就是盲目追隨他人的後果。

2

討論幸福生活這件事時，你沒必要像投票時那樣說：「這邊似乎占了多數。」這恰恰只能說明那邊不夠好。人間諸事可並非那麼井然有序，多數人喜歡就是好的。相反，多數人的選擇通常最糟糕。我們應當去尋找最佳方式，而非最常見的方式；能長久維持幸福的方法，而非烏合之眾的方法，因為後者往往是真理最糟糕的闡述者。這裡說的烏合之眾，不光指廚房幹活的僕人，也包括達官貴人。一個人的穿著代表不了什麼，我不會只憑眼睛看到的去評價人，而是會選擇更有效可靠的方式。靈魂是否高貴應當交由靈魂去判斷。如果靈魂有工夫休憩，能夠靜下來喘口氣，唉，那她將會面對怎樣的自我折磨。一旦真實地面對本心，她定會說：「迄今為止所做的一切，我都希望它們從未發生；每當回想起說過的那些話，我都寧願自己當初是啞巴；每當想到祈求過的一切，我都覺得它們更像是敵人的詛咒；而我所懼怕的——神啊，和貪戀的東西相比，它們反倒沒什麼負擔！我與很多人結怨，又放下仇恨重歸於好——與惡人尚且能維持友誼，和自己卻從未達成和解。我曾絞盡腦汁想要脫穎而出，透過捐贈錢財引人注目，可我所做的，只不過是將自己暴露在惡意的刀劍下，讓它知道該向哪裡進攻。看到那些人了嗎？他們吹捧你的口才、追隨你的財富、努力討你歡心、讚美你的權力，可他們卻是你的敵人，即便現在不是，將來也一定會是。想知道有多少人嫉妒你，就看看有多少人崇拜你。既如此，何不去追求真正的善呢？那種內心能感知到，卻不需對外炫耀的善？那些吸引眼球、讓人們停下腳步帶著豔羨指指點點的東西，說到底不過是金玉其外敗絮其中罷了。」

3

讓我們去潛心探索高於表像的東西吧——那種內在堅實、恆久、優雅的品質。它就在不遠處，只要知道該朝什麼方向努力，就一定能找到。事實上，我們經常忽略觸手可及的東西，黑暗中絆倒我們的，或許正是我們苦苦尋覓之物。

好了，我不和你囉唆細節了，一一羅列並反駁其他哲學家的觀點未免太過乏味。在這裡，我只希望你能聽聽我們學派的觀點。說「我們」，並不代表我想將自己和某位斯多噶學派的大師捆綁在一起，畢竟我也有權發表自己的看法。我會追隨某些人的看法，用某些人的觀點劃分問題，還可能在前輩發言後，不做任何反駁，只說「我要補充的就只有這麼多」。與此同時，我會遵循自然的指導——這也是斯多噶學派普遍認同的觀點。不脫離自然，按自然的法則和規範打磨自我才是真正的智慧。

幸福是與內在本性和諧一致的生活方式，只有一種途徑能夠實現。首先，我們必須擁有健全理性的頭腦。其次，要保持足夠的勇氣和充沛的精力，遇事百折不撓，能隨時應對各種緊急情況。注意身體及影響身體的原因，但又不為此過於焦慮。最後，關注能改善生活的東西，但又不過度沉迷其中。面對命運的饋贈，做它們的主人而非奴隸。

相信不用我多說你就會明白，一旦看淡那些讓人興奮和痛苦的東西，等待我們的就是持久的安寧和永恆的自由；一旦驅散欲望和恐懼，原本那些瑣碎、脆弱、有害的東西就會消失，我們就會擁有無窮無盡、穩固的快樂，收穫靈魂的平靜和諧以及真正的偉大和仁慈。畢竟，罪惡誕生於軟弱。

4

關於內心的這種「善」，我們還可以用其他定義來描述，即用不同措辭表達相同的觀點。這就好比，隊伍既可以一字排開，也可以集中在一起；既可以中間空、兩翼成弧形，也可以將前端布局成筆直的陣型。不管陣型如何，它依然是同一支隊伍，擁有相同的士氣和決心，為共同的目標奮鬥。至善的定義也同理——可以冗長繁複，也可以簡潔精練。我可以說「至善是藐視機緣巧合，以美德為榮的精神」；也可以說「至善是永不屈服的力量，從經驗中獲取智慧，在行動中保持冷靜，在人際交往中學習禮節和理解」；還可以說「至善之人只認可心靈，而非外在事物的好壞」。至善之人看重榮譽、珍視美德，不因偶然事件膨脹或消沉。在他看來，自己賦予自己的東西才是最好的，輕視快樂才能收穫真正的快樂。當然，如果說遠一點，在不影響或削弱本意的情況下，還可以再換一些表達方式。比如，我們完全可以說，幸福就是具備自由、高尚、無畏和堅定的精神，它不被恐懼和欲望操控，視美德為唯一的善，視卑鄙為唯一的惡，除此之外一切都不重要。不管凡事怎麼來來去去，都不會增加或減少至善的程度，不會讓幸福打折，也不會為它增色。

達到這種境界的人，不管願意與否，都必將被內心深處深邃持久的快樂環繞，因為他的快樂源於自身，內心的喜悅對他來說便已足夠。難道說，這樣的快樂還不能和微不足道、瑣碎短暫的欲望抗衡？超越了享樂便超越了痛苦。可是你看看那些困在享樂和痛苦束縛中的人啊，他們不得不被這兩位任性霸道的主人輪番奴役。想要衝向自由就必須漠視命運的安排，只有這樣才能擁有無可估量的福氣，崇高平靜的心靈才可以停靠在安全的港灣。排除謬誤方能找到真理，才會擁有巨大穩定的喜悅和善良快樂的靈魂。人之所以能收穫快樂，不是因為他知道萬物本善，而是因為他知道一切都源於自己內心的善。

5

既然已經放開來探討這個話題，那我完全可以說，幸福之人是在理性指導下，不受恐懼和欲望約束的人。畢竟，岩石覺察不到恐懼和憂傷，田間野獸也一樣，但不能因此就說岩石和野獸「幸福」，它們根本不懂幸福為何物。天性愚鈍、對自己一無所知的人，在某種程度上也將自己降級到了野獸和無生命之物的水準。他們之間沒有本質區別，無非是有些沒有理性，有些只有歪曲的理性——他們走錯了方向，並因此傷害了自己。畢竟，離真理十萬八千里的人不可能幸福。幸福的人生毫無疑問必須建立在正確可靠的判斷上，只有這樣，心靈才不會被蒙蔽，才不會受傷害，因為它不僅知道如何躲避重創，連微小的傷害都能躲過。不管命運女神如何憤怒地進攻，心靈都能堅守自己的立場。就感官快樂而言，雖然它們無孔不入，終日在我們周圍遊蕩，用甜言蜜語消磨我們的意志，用層出不窮的花樣引誘我們的欲望，但對我們來說，哪怕身上還殘存一絲人性，誰又會甘願放棄靈魂，日日夜夜沉迷於感官刺激，將全部精力放在肉體上？

「不過，」有人會說：「靈魂也要有自己的快樂。」既然如此，就讓靈魂好好享受吧。讓它做奢侈和享樂的品鑑官，沉浸在愉悅感官的事物中；此後讓它去回憶往日逝去的快樂，沉浸在對過去和未來感官刺激的雙重享受中；讓它制訂計畫，哪怕身體早已被塞滿到動彈不得，也還要掛念今後的享樂。不過，在我看來，在善惡之中選擇惡無疑是瘋狂的決定，只會增加心靈的痛苦。將好東西棄之不顧、非要選擇壞東西的人顯然不理智，不理智的人不可能幸福。

6

因此，幸福之人有正確的判斷，他們對現狀滿意，無論周遭環境如何，都有辦法與之和解。幸福之人會理性地評價自己的生存環境。那些宣稱將至善裝進肚子的人，其實也知道自己將其擺在了多麼不光彩的位置，所以他們才要說，快樂與美德不可分割。他們還斷言，缺少美德的人不可能快樂，不快樂的人也不可能擁有美德。我是無法理解，他們為何要將兩種完全不同的事物混為一談？麻煩解釋解釋，說快樂與美德不可分割的依據是什麼？難道他們的意思是，既然好事源自美德，那麼你鍾愛和渴求的東西也必然源自美德？可是，如果兩者真的渾然一體，就不會出現快樂卻不高尚、高尚卻令人痛苦、必須歷經磨難才能完成的事了。

7

我還發現，最卑劣的人生往往並不缺乏快樂，但站在美德的角度，她卻不允許生命不堪。有些人的生活雖然滿是快樂卻並不幸福，不，應該說，正是快樂令他們不幸。如果快樂和美德相輔相成，就不應出現這種情況。事實上，美德往往伴隨著不快樂，美德也不需要快樂。為什麼非要把不同甚至截然相反的東西綁在一起？美德高貴、偉大、有尊嚴、不可征服、永不疲倦。快樂低級、奴顏婢膝、軟弱、易逝，常常混跡於妓院和酒館。你會在神殿、廣場、元老院找到美德，看她站在城牆前，臉上佈滿污垢，雙手長滿老繭。快樂卻經常從你眼皮底下溜走，偷偷跑到見不得人的地方——公共澡堂、蒸汽浴室，還有其他懼怕市政官造訪的場所；快樂軟塌塌的，有氣無力，摻雜著酒精和香水味，彷彿血色全無或是濃妝豔抹的屍體。至善永垂不朽、無邊無際，不放縱不遺憾，因為理性的思想不會輕易改變，既不會自我厭惡，也不會因生活變幻不定，永遠都完美無瑕。快樂則不是，人最快樂的時候，往往正是快樂熄滅之時。快樂的空間很小，一下就能填滿，而且容易疲倦，一輪進攻之後就會精疲力竭。本性好動的事物總是更難以沉澱。那些來去匆匆，註定要在發揮作用時消逝的東西，不可能擁有任何實質，因為站在起點就能望到終點，實現目標就預示著終結。

8

進一步說，好人與壞人都能感到快樂。卑賤之人從有失光彩的行為中獲得的快樂，不亞於高尚之人從善良的舉動中獲得的快樂。正因為如此，古人才囑咐我們，要追隨至善的人生，而非快樂的生活。快樂不應成為引導者，而應是合理欲望的陪伴者。理性關注自然，我們要遵循自然的引導，聽從自然的建議。幸福生活就意味著順應自然生活。關於這一點，我會再展開論述。如果我們能小心翼翼、無所畏懼地守護身體的稟賦和自然的要求，將它們視為臨時賦予我們、隨時會消逝的東西；如果我們不做身外之物的奴隸，不允許它們主宰我們；如果我們看輕身體的滿足，將它擺在軍隊中預備隊和輕裝部隊的位置，讓它服從而非統領我們——這樣，只有這樣，這些東西才會有益於心靈。人不應被外在事物俘虜，要不屈不撓、自我欣賞、勇氣十足，願意迎接任何命運的挑戰；要成為自己人生的締造者，不盲目自大，不隨波逐流；一旦做出決定，就要堅持不懈，一旦建立標準，就不要輕易變更。相信不用我多說你就會明白，這種人的生活必定井然有序、遊刃有餘，他們的舉止必定風度翩翩、充滿威嚴。理性在感官的唆使下探索世界，因為感官是最初的知識來源，當初還沒有其他獲取知識、邁向真理的途徑，但理性最終還是要回歸自身。

全知全能、統治宇宙的神也一樣，祂擁抱外界的萬事萬物，也從萬事萬物中回歸本心。我們的心靈也應如此，透過感官這個服務者觸碰外界後，心靈還是要做感官和自己的主人。只有這樣才會產生凝結一心、和諧一致的能量以及不自相矛盾的，有堅定意念、認知和信念的可靠理性。當這種理性能夠自我規範，讓各方面都和諧統一、彼此調和時，我們就收穫了至善。謬誤和隨波逐流將不復存在，任何事都不能令理性摔跤、跌倒。它會根據自己的授權行動，不需要面對任何意外。它不管做什麼，最後都能令其變成好事，而且做得易如反掌、手到擒來，無須使用任何伎倆。不情不願和猶豫不決是內心衝突和混亂的表現。因此，你可以堅定地宣稱，至善是靈魂的和諧，和諧統一便是美德，紛爭混亂引發罪惡。

9

「可是即便是你，」有人反駁說：「培養美德也是為了收穫快樂。」美德的確會賜予人快樂，但這不是我們追求美德的原因，更何況美德賜予人的也遠不止快樂。美德的終點絕非快樂，只不過是在朝其他目標努力時順便收穫了快樂。這就好比種玉米的田地也會零星長出花朵，但我們辛勤勞作並不是為了這些不起眼的小植物——它們或許賞心悅目，卻不是我們耕耘的目的，最多只是順帶產物。快樂也一樣，它既不是美德產生的原因，也不是美德帶來的回報，充其量只是其副產品。我們不是因為快樂而選擇美德，而是說，選擇了美德，她同時給我們帶來了快樂。至善說到底就是選擇至善的行為，完善心靈的態度。當心靈完成自己的旅途，退守至自身的邊界內，至善就完美無缺了。它不會再渴求任何東西，對於整體來說，畫蛇添足未免多餘，就像到了終點便不可能再有其他點一樣。所以，你問我為什麼尋找美德，這種問法本身就錯了，就如同在說最高境界之外還存在更高的境界。如果你問我在美德中找尋什麼，我的回答是找尋美德本身，她無法提供比自身更好的東西了，美德便是美德的獎賞。你覺得至善只是一件小事？那如果我告訴你：「至善是不屈不撓的心靈永恆不變的本性，是遠見、崇高、健康、自由、和諧和美麗。」你還會要求我說出比這些更偉大的祝福嗎？你為什麼要跟我提快樂？我追求的是人之善，不是他的肚子[2]——要說肚子，人肯定比不上牛和野獸啊！

2 這是伊比鳩魯的快樂學說中的一個觀點，他認為肚子的快樂是一切善的開端和根源。

10

「你誤會了，」你反駁說：「我承認，不具備美德之人不可能快樂地生活，這一點是愚蠢的動物和僅以能否吃飽來衡量好壞的人無法理解的。我可以明確地說，沒有美德作為必要條件，便不可能實現我心中的快樂。」然而，誰又不知道，每天活在你所謂快樂中的那些人其實都是傻瓜，快樂中不乏邪惡，更何況大腦本身就能提供多種不堪的快樂？其中最突出的就是傲慢——自視甚高、貶損他人，盲目、不假思索地維護一己私欲，以奢華為榮，一點小事就能狂喜不已，以嚼舌根和羞辱他人為樂，懶懶散散，心智遲鈍得好似昏睡過去。以上這些都是美德摒棄的，她拽著你的耳朵，先評估享樂再決定是否放行，即便是她認可的享樂，她也不會看得很重，最多只是允許其發生。令她快樂的不是沉迷享樂，而是對享樂的節制。不過，節制會減少享樂，因此會傷害你口中的至善。你擁抱快樂，我抑制快樂；你覺得快樂是至善，我卻不認為它算得上善；為了快樂你可以付出一切，我卻不會。

說「我」不會為快樂做任何事時，我指的是理想化的智者，他們才擁有真正的快樂。會被某件事支配的人不配被稱為智者，更何況還是被快樂支配。他如果沉迷於快樂，又如何承受得住艱難困苦以及人類生活中無處不在的危險？他如果面對快樂這個軟弱的對手都會妥協，又怎能忍受死亡、悲痛、萬物崩塌和其他更強大的敵人？你說：「他按快樂的引導行事。」可是，難道你看不出來，快樂會引導他做多少事嗎？「但不會引導他做卑鄙之事，」你說：「因為快樂和美德緊密相連。」可是話又說回來了，如果需要守護才能行善，我們又該如何定義至善？如果美德追著快樂走，她又如何引導快樂？明明應該是跟隨者聽從指揮，領導者率領別人才對啊！難道你要把發號施令的領袖排在隊伍末尾？那你可真是給美德分配了個好位置，讓她先一步就品嘗到了你的快樂！很快我們便會知道，被擺在如此微不足道的位置上，美德是否還能被稱作美德。讓出原本的位置，名頭怕是也保不住了。與此同時，我要說的重點是，很多被快樂包圍的人，雖然從命運女神那兒收穫了諸多美事，但他們的本性卻卑鄙至極。看看諾門塔努斯和阿匹西烏斯[3]，正如人們所說，他們品嘗來自陸地和海洋的山珍海味，評價餐桌上不同國家的美味佳餚；他們躺在撒著玫瑰花瓣的軟榻上，為面前的珍饈美味沾沾自喜，為耳畔的音樂陶醉不已；他們看著美景、品著美食，身上包裹著柔軟舒適的布料，甚至連鼻孔都不願閒著，還要在向奢侈獻祭的房間點上各種香料。在你看來，他們是生活在快樂中，但這談不上是好事，因為令他們愉悅的並不是什麼好東西。

11

「你說的這些的確於人有害，」你說：「事情太多會擾亂靈魂，意見相左會讓人不安。」這麼說我同意，但與此同時，這些人雖然愚昧無知、反覆無

3 諾門塔努斯（Nomentanus）、阿匹西烏斯（Apicius），均為古羅馬美食家，酒色之徒。

常，時常陷入悔恨，但他們的確感受到了巨大的快樂。你不得不承認，處在那種狀態下，他們雖沒有任何痛苦，但缺乏健全的心智，就像很多人那樣，開心是因為亢奮，歡笑是因為瘋狂。與之相對，智者的快樂節制平靜、溫和內斂。這種快樂往往不請自來，不引人注目；感受這些快樂的人也不會太把它們當回事，更不會為此欣喜若狂。快樂在他們看來只是日常生活的小插曲，就像探討嚴肅事務時偶爾開的玩笑。

別再混淆截然相反的事物，把快樂和美德綁在一起了，這麼做未免太抬舉卑鄙之人。那些沉迷快樂，終日喝得爛醉、打著飽嗝的人，他們知道自己活得快樂，還因此覺得擁有了美德，就因為他們聽說快樂和美德密不可分。於是，他們將惡行當作智慧，對恥辱大加炫耀。不是伊比鳩魯將他們引向放蕩，而是他們自己向惡習投降，還為放蕩的行為披上哲學的外衣，一窩蜂地崇尚快樂，卻忘了伊比鳩魯提倡的「快樂」清醒而節制，至少我是這麼理解的。他們只是借用了快樂的名號，為欲望找到些許理由和藉口罷了。這麼一來，他們連墮落中僅存的人性，也就是羞恥感，都一併丟掉了。他們以惡為榮，對曾經讓他們臉紅的行為大加歌頌，為可恥的放縱找到了冠冕堂皇的名號，他們不再年輕。為什麼說宣揚快樂有害？因為這一主張中真正高尚的品質往往深藏不露，腐化他人的東西卻顯而易見。

12

就我個人而言，我認為伊比鳩魯的主張神聖正直。我們學派的成員或許有異議，但仔細研究，會發現那些教義其實頗為嚴謹。事實上，伊比鳩魯著名的快樂學說已經被縮減得所剩無幾了，而他關於快樂的觀點和斯多噶學派關於美德的主張並無二致。在伊比鳩魯看來，快樂當服從天性，而少許奢侈就足以滿足天性！可真實的情況又如何？那些打著「幸福」的旗號無所事事、大吃大喝、驕奢淫逸的人，卻找了個漂亮的名頭掩蓋惡習。一旦擁有這一掩護，他們追求的快樂便不再是此前學到的內容，而是他們自己選擇的內容了；一旦覺得惡習也符合老師的教誨，他們便由小心翼翼變得肆無忌憚，由遮遮掩掩變成在光天化日之下享受惡習。所以，我不會像大多數同道中人那樣，批評伊比鳩魯學派宣揚惡習。在我看來，這個學派的壞名聲實則是被冤枉的。不過，不入其殿堂，誰又會明白？只看表象，它的確容易激發醜陋邪惡的欲望，就如同身強體壯的男人穿上女裝，雖然依舊正義凜然、充滿陽剛之氣，不向卑劣屈服，但手中卻握著一把小手鼓！所以，還是要選擇更為高尚的說法或是座右銘，能瞬間吸引心靈的那種，不像眼前這個，只會招來惡行。

和美德站在一邊，無疑是品德高尚的證明；選擇追隨快樂，往往代表懦弱不堪，缺乏陽剛之氣。這種人註定會變卑劣，除非有人告訴他快樂之間的區別，讓他明白哪些是正常的欲望，哪些只會變本加厲、無窮無盡，擁有越多越貪得無厭。來吧，加入美德的隊伍！有美德領路，邁出的每一步都穩妥安全。快樂超過一定限度便會造成傷害，但美德不會過度，因為美德本身就意味著節制。如果其多少的改變就可能造成危害，這種東西一定不是真正意義上的好東西。對擁有理性的人類來說，理性無疑是最合適的嚮導，就算你想要同時擁有美德和快樂，希望在兩者的相伴下找到幸福，也請務必確保美德帶路、快樂隨行，讓快樂像影子一樣徘徊在身體周圍。美德這位最高貴的夫人一旦淪為快樂的侍女，靈魂裡便註定不會有偉大的東西。

13

讓美德在前面樹立原則，我們也會收穫快樂，但要學會做快樂的主人，知道如何管理。我們有時會答應快樂的請求，但絕不會屈從她的束縛。那些向快樂出讓領導權的人，同時丟掉了美德和快樂——喪失了美德，卻不擁有快樂，而是被快樂占有。結果便是，他們要麼因為缺乏快樂而備受折磨，要麼因為快樂過度而窒息至死——被快樂拋棄可憐，被快樂壓垮更可憐。這就好比困在西爾特斯水域的水手，一會兒被拋至旱地，一會兒被再次丟進波濤洶湧的大海。缺乏自控、盲目癡迷一件事就會如此。當一個人拋棄善良轉而追隨罪惡時，他的成功就變得危險。獵捕野獸的過程危險、艱辛，即便捕捉到了，收押它們也難免令人憂心，弄不好牠們還會讓主人命喪黃泉——無盡的快樂也如此，終將會變成無邊的災禍，將本該擁有它的人變成它的獵物。快樂越多、程度越高，那些所謂的幸福之人就越卑微，要侍奉的主人也就越多。我想繼續用捕獵的例子來說明。一個人追隨著野獸的足跡來到牠的巢穴，帶著巨大的喜悅：

用繩索套住野獸
令一群獵犬將林子團團圍住[4]——

4 引自維吉爾《農事詩》（*Georgica*）。

想著如此便能尋到野獸的蹤跡，其實卻丟棄了更重要的事，忘記了許多職責。追求快樂的人將快樂以外的一切都放在次要位置，寧可交出自由也要聽從肚子的指揮，這哪裡是為自己買到快樂，明明是將自己賣給了快樂。

14

「不過，」有人又問：「為什麼美德和快樂不能合為一體，為什麼榮譽和合意不能相輔相成，一起通往至善？」對此我的回答是，榮譽不可能摻雜卑劣，至善存在瑕疵就不算完整。即便是源於美德的快樂，雖然是好東西，但也不能成為至善的一部分，就像喜悅和安寧一樣，即便它們也有高貴的源頭。雖然都是好事，但只能作為至善的附屬，並不能讓其臻於完美。讓美德和快樂結盟——這兩者甚至不能同日而語——一方的脆弱必將削弱另一方的力量，並最終為自由套上枷鎖。畢竟，只有將自身視為最珍貴的財富，自由才能無堅不摧。需要命運的垂青是一個人奴性的開端，接下來，他的人生就會變得焦慮、多疑和緊張，畏懼不幸，擔憂變數。他沒有為美德奠定堅固穩定的地基，卻讓她站在地面搖搖欲墜。但還有什麼比相信命運的偶然、依賴身體的變化和其他影響身體的因素更令人不安？如果一個人碰上一丁點快樂或是痛苦就激動不已，又怎能指望他去信奉神，坦然接受發生在自己身上的一切，不抱怨命運，用樂觀的心態去看待不幸？貪圖享樂的人，恐怕連保家衛國、捍衛友人都做不到吧。

將至善放在任何力量都動搖不了的高處吧，痛苦、希望、恐懼，或是任何會削減至善權威的事都觸碰不到的地方，唯有美德才能攀此高峰。想要達到這個高度，我們必須緊跟美德的步伐。她會勇敢地佇立，耐心忍受甚至欣然接受一切變故。她懂得，時間帶來的不幸只是自然規律使然，正如優秀的士兵從不介意傷口，她也會數著自己的傷疤，即便被刀劍刺穿胸膛，也會在臨死前感激她為之倒下的那位指揮官。她會牢記那條古訓：「追隨神！」而那些習慣去抱怨、動輒哭泣哀歎的人，即便內心百般不願，也總要被迫服從命令、完成任務。寧願被拖著走，也不願主動跟隨，這是多麼不可理喻啊！相信我，如果少了某樣東西或是遭遇一點痛苦就悲傷不已，看到好人與壞人都會遭遇的疾病、死亡和虛弱以及其他出乎意料的厄運，就感到憤怒驚訝，這無疑是極大的愚蠢和對命運的無知。既然宇宙的構成方式決定了我們要承受痛苦，那就勇氣十足地忍受吧。順從命運、不為無力改變的事不安是我們必須履行的神聖義務。出生在君主統治下的我們，服從神便是自由。

15

因此，真正的幸福建立在美德上。美德又會賜予你哪些建議？首先，不是由美德或罪惡引發的事談不上好壞；其次，無論是面對惡還是享受善，人都不應動搖。這樣，在一定程度內，人就能展示出神的形象。美德給你的承諾，就是讓你擁有和眾神一樣的特權。你將安全自由，不再感到束縛和匱乏，任誰都傷害不了；你會心想事成、不受阻礙，凡事將隨你所願、順心如意，壞事會避之千里。「怎麼，你是說只要擁有美德，就能幸福地生活？」不是嗎？美德神聖完美，實現幸福對她來說不過是小菜一碟。人一旦不再被欲望引誘，他便不缺少任何東西。

將注意力集中於內心，又怎麼會需要身外之物呢？當然，正走在通往美德之路上的人們，雖然跋涉已久，但在徹底解開心結、擺脫凡人的束縛前，依舊需要與人類的苦難作鬥爭，需要一些命運的垂青。那麼，這些人之間的區別是什麼？區別就是，有些人被緊緊束縛，有些人被捆住手腳。追求更高的境界，將自己提升到較高層次的人，拖著的是一條鬆動的鎖鏈。尚未取得自由，卻也離自由不遠了。

16

因此，如果有人用那些老生常談的問題衝哲人叫囂，說：「為什麼你只是說得好聽？為什麼你要在上級面前低聲下氣？為什麼你也離不開金錢，遭遇一點損失就難過不已？為什麼妻子和友人的離去還會讓你流淚？為什麼要那麼顧及名譽，聽到一點誹謗就氣急敗壞？為什麼要擁有遠超實際需求的田地？為什麼你的晚餐不像你主張的那樣節制？為什麼要購買那麼多華貴的傢俱，餐桌上的陳年佳釀比你的年歲還久？為什麼一定要佈置鳥舍，養護那麼多不結果實、只能遮陰的大樹？為什麼你妻子耳朵上的飾品抵得上一個富貴人家的全部收入，你的年輕奴隸要身穿華服？為什麼在你家用餐有那麼多規矩，連餐具都不能隨意擺放，一切都要十分講究，吃肉都要請專業人士替你切割？」你還可以隨著心意繼續問：「為什麼你有海外地產，多到看都看不過來？家裡的奴隸你壓根兒都不認識幾個，不知道是因為漫不經心，還是太過奢侈，占有的早就超過了能記住的！」稍晚一點，我會為你的指責加油助威，向自己發起更猛烈的抨擊，但現在還請先容我作此回答：「我不是智者，謝你吉言，今後恐怕也不會是。因此，不要要求我和最優秀的人比肩，比壞人好一些就可以了。對我來說，每日都能三省吾身，努力減少一些惡習就足夠了。我的身體狀況不算完美，將來也不會，我從不指望自己的痛風被徹底治癒，只要能適當減少發作的次數、降低疼痛的程度，就心滿意足了。不過，雖然一瘸一拐，但和你的步伐相比，我都能算是運動員了！」我不是在替自己辯護，畢竟我早已深陷多種惡習。我想做的，是替已經取得一些成就的人辯護。

「你真是說一套做一套。」你說。你們這些醜陋的人，對優秀的人總是滿懷惡意，相同的話你們也責難過柏拉圖、伊比鳩魯和芝諾吧！他們宣揚的不是自己的生活，而是應該如何生活。我現在討論的是美德，不是我自己；批判的是惡習，尤其是我自身的惡習。能力夠了，我自然會去過應該過的生活。你們那些裹著濃濃毒液的惡意攻擊，不會停止我對美好生活的嚮往；你們試圖噴在別人身上、其實也在殺害自己的毒藥，無法阻止我繼續讚美那種應該過、而非我正在過的生活——崇尚並追隨美德，即便步履緩慢，即便前方還有漫長的路要走。要知道，在這些心懷怨恨的人眼裡，魯提里烏斯和加圖都算不上偉大，我們還能指望他們放過誰？連犬儒主義者狄米特律斯都不夠貧窮，我們還有必要在意自己在他們眼裡太過富有嗎？作為最具勇氣的英雄，狄米特律斯和自身欲望作鬥爭，比其他犬儒主義者都窮——其他人只是放棄了財產，他卻禁止了擁有財產的欲望——可是，那些人還說他不夠窮！看來，這些人對美德不怎麼瞭解，對貧窮卻頗有研究。

17

他們還說，伊比鳩魯派哲學家狄奧多羅在生命的最後幾天親手結束了自己的生命，這種割頸自刎的做法沒有遵循伊比鳩魯的教導。有人將他的自殺視為瘋狂，另一些人覺得他輕率魯莽，但他自己卻幸福安寧地見證了生命最後一刻。他對安度一生心懷感恩，還說了或許你永遠都不愛聽，最終卻不得不面對的那句話：

> 我已活過，跑完了命運的旅途。[5]

你們一會兒覺得這個活著不合適，一會兒覺得那個死了不合適，一聽到某人因品德高尚成為了偉人，就會像小狗遇到陌生人那樣汪汪亂叫。你們明白，他人的美德會在無形中映出你們的不足，世上沒好人才更符合你們的利益。你們心懷嫉妒地拿他們的輝煌與自身的骯髒對比，卻不明白這麼做最後傷害的只有自己。如果追求美德的人都要被說成貪婪、好色、野心勃勃，那你這種連美德這個稱呼都痛恨的人又算什麼？你說，那些人根本做不到自己

5 出自維吉爾《艾尼亞斯紀》。

的主張，做不到知行合一，可這又怎麼樣呢？他們的話語英勇無畏、氣勢磅礴，能抵擋人類生活中的一切風暴。他們努力把自己從十字架上解放下來，你們倒好，一個個親手將自己釘上十字架。接受懲罰時，他們最多只是被釘在一個十字架上，而那些自作自受的人，受眾多欲望的束縛，卻是被釘在無數十字架上。可就是這些人，在侮辱別人方面卻不乏惡意和小聰明。他們有工夫這麼做倒也不難想像，畢竟有些人雖然自己被釘在十字架上，卻總有時間朝圍觀者吐口水。

18

「哲學家從不身體力行地實踐自己的主張。」你說。可事實是，那些他們可敬的頭腦想出來的東西，他們也有在努力貫徹。如果總能知行合一，他們定是這世上最幸福之人。與此同時，你沒有任何理由貶低高尚的言語和思想。即便沒有實際結果，追求對人類有益的研究也值得稱讚。一些人試圖沿著陡峭的道路登上山頂，最終卻沒能成功，這有什麼值得大驚小怪的？如果你是男子漢，就以追求偉大之人為榜樣，即便他們也可能跌倒。衡量自己是否足夠努力，看的不是自身的力量，而是天性的力量。天性壯志凌雲，敢於追求即便擁有巨大勇氣也未必能實現的理想就堪稱高貴。

心存這種宏圖壯志的人會說：「對我來說，面對死亡和觀看喜劇毫無二致；不管遭遇何種苦難，我都能在精神的指導下堅強忍受；無論貧窮還是富有，我都鄙視金錢，不因財富離我太遠而失落，不因它近在咫尺而膨脹；無論命運女神是否眷顧我，我都毫不在意；我會將所有國家視為自己的國家，也會將自己的國家視為他人的國家；在我看來，人天生就應有益於他人，為此我會感激自然，多虧她，我才能有機會服務他人。自然將我作為禮物送給全人類，也將全人類作為禮物送給我。無論擁有什麼，我都不會像守財奴一樣盯著不放，也不會像敗家子一樣揮霍一空。在我看來，真正屬於我的，是那些被明智地作為禮物送出去的東西。我不會根據數量多少評估送出的恩惠，接受者的為人才是衡量標準。只要對方應得，再貴重的禮物都不算多。做事要憑良心，而非輿論壓力。獨處時，我會按被羅馬公民注視時的做事標準要求自己。吃喝方面，我的目標是滿足自然需求，而非刻意塞滿或排空肚子。對待友人我要和藹可親，對待敵人我要溫和寬容，別人不用開口就能得到我的寬恕，只要請求合理我都會盡快應允。我的國度就是眾神統治下的整個世界，他們在天上看著我的一舉一動，是我言行的審查官。如果哪天自然要收回我的生命，或是理智決定我要死去，那我會帶著無愧的良心和高尚的抱負離開，因為我從未損害過他人的，尤其是自己的自由。」有決心、有願望，努力去實現這些偉大目標的人，就走在通往神明的大道上。這些可敬的人啊，即便最終未能實現目標，也……

敗在為光榮而戰的事業中。[6]

6 出自奧維德《變形記》。

至於你，憎惡美德和實踐美德的人，這倒也不奇怪。這就好像微弱的光線畏懼太陽，夜間動物厭惡白天一樣——黎明的第一道曙光讓牠們驚恐萬分，只能四處尋找屬於自己的巢穴，躲起來不見陽光。你就儘管呱呱亂叫，用毒舌辱罵好人，用獠牙使勁地撕咬吧！恐怕不等你留下齒痕，牙齒就已經斷了！

19

「為什麼，」你問：「那個信仰哲學的人自己堆金積玉？為什麼他主張鄙視財富，自己卻擁抱它？為什麼他覺得生命不重要，自己卻選擇活著？為什麼他說我們不應把健康當回事，自己卻小心翼翼地呵護身體，期望自己健康長壽？為什麼他嘴裡說著不擔心流放，『換個地方也蠻好』，但如果條件允許，還是願意在故鄉安度晚年？為什麼他說壽命長短本無差異，可沒有意外的話，他還是願意延長壽命、頤養天年？」他說要看輕這些東西，不代表不能擁有，而是不要為能否擁有感到焦慮；不是說要驅逐這些東西，而是說如果它們要離開，他可以毫不留戀地將它們送至門口。對命運女神來說，存放財富最安全的地方，莫過於那些只要她想收回，對方就毫無怨言歸還的人身邊。馬庫斯·加圖讚揚庫里烏斯和科倫卡紐斯以及那個身上有幾枚銀幣就要被審查的時代，但那時他自己就擁有四百萬塞斯特斯[7]。這當然沒法和克拉蘇比，但肯定比監察官加圖擁有的多。真要對比，他超出曾祖父的程度，要遠大於克拉蘇超出他本人的程度。如果命中註定他會擁有更多財富，相信他也不會拒絕。智者不會覺得自己配不上命運的饋贈。他不熱衷財富，但可以擁有財富；不將財富放在心上，但可以放在家裡；不排斥而是願意留下財富，為修煉美德提供更堅實的保障。

7 編註：古羅馬貨幣。

20

毫無疑問，相比貧窮，智者在富有中能展示更多的品格。貧窮只為一種美德提供空間，那就是不向貧窮低頭、不被貧窮壓垮，但節制、慷慨、勤奮、嚴謹和崇高卻都是在富裕中方能體現的德行。對智者來說，天生矮小不會令他自艾自憐，但他還是會希望自己威猛高大；體弱多病、眼睛失明，他也會意志堅定，但他還是會希望自己身強體壯，即便知道自己擁有比身體更堅強的東西；他能忍受健康不佳，但還是會希望自己健康。有些東西，雖然與整體相比微不足道，失去也不會影響其優秀的本質，但卻會對源自美德的永恆快樂有所幫助，就好像拂面的清風會讓水手心曠神怡，陰冷的冬天突然放晴，暖融融的陽光會讓眾人歡欣鼓舞一樣，財富也會令智者愉悅。此外，智者中還有一群人——我是說我們這個學派的思想家——雖然認為美德是唯一的善，但並不否認那些被稱作「無關緊要」的東西也有內在價值，而且其中一些比另一些更可取。換句話說，在我們看來，有些無關緊要之物沒有可取之處，另一些卻不乏可取之處。因此，不要弄錯了，財富絕對屬於其中的可取之物。「這麼說的話，」你說：「我們對待財富的看法完全一致，你又憑什麼嘲笑我？」想知道我們在這個問題上的差別嗎？就我而言，如果財富從身邊溜走，它不會帶走除自身以外的任何東西，可是如果財富離開你，你就會目瞪口呆，好像自己的一部分也被帶走了；在我眼中，財富占據一定的位置，但在你看來，它占據了最重要的位置。總而言之，我擁有財富，你被財富擁有。

21

別再說哲學家不能擁有金錢了，沒人要求智者必須貧窮。哲學家可以擁有無窮的財富，但那絕不是從別人手上奪來的，不會沾染他人的鮮血，而是在不傷害任何人、不摻雜任何卑鄙交易的前提下獲得的，且支出的方式和獲取財富的方式一樣體面。除了心術不正的人，相信任何人對此都不會有什麼怨言。

人可以盡情積累這樣的財富。如果這些財富大家都想要，但又沒人能說裡面有本應屬於自己的東西，這就很值得驕傲了。人不需要故意丟掉命運女神的饋贈，透過正當途徑取得遺產不用臉紅，也不值得誇耀。不過，如果他願意將豪宅的大門向外人敞開，邀全城百姓來觀賞這些財富，還敢當眾宣布「如果覺得這裡面有自己的東西就直接拿走」，那他願意為此誇耀一番也無妨。如果一個人能說出這樣的豪言壯語，之後財富還不見減少一釐，那他無疑是富有而偉大的人！我的意思是，如果他能夠毫不畏懼、心懷坦蕩地接受眾人的檢閱，如果所有人都沒能在他的財產中找到任何可以說是自己的東西，那這個人就能在公開場合做光明磊落的富人了。智者不會讓一丁點不義之財溜進家門，也不會將命運女神的饋贈和美德的回報拒之門外。為什麼要拒絕命運的慷慨？打開雙臂歡迎財富吧！他不會炫耀，也不會藏著掖著，前者愚蠢，後者膽小。因為膽小，他不得不將這些美好的禮物藏進口袋。當然，他也不用將財富趕出家門，要不他該說什麼呢？難道要說「你毫無用處」或是「我不知道該如何使用你」嗎？

雖然能徒步走完一段路途，但他更願意坐馬車前行；能接受貧窮，但他更願意富有。他擁有財富，但明白金錢無常，隨時可能消失。他不會讓金錢成為自己或他人的負擔，還會施捨財富——怎麼，你現在豎起耳朵了？連口袋都準備好了？他會將財富分給好人以及未來會成為好人的人。他會深思熟慮、精挑細選，之後才會像要牢記財富來龍去脈的人一樣送出財富。送出需要公正充分的理由，給錯人只會造成可恥的浪費。口袋裡的東西可以贈予他人，但口袋不能有漏洞，傾囊相助可以，疏忽遺漏不能。

22

要是以為給別人錢是件容易事，那就大錯特錯了。要確保給出去的錢合情合理、不隨隨便便，其實相當困難。我幫這個人忙，還那個人情；向這個人伸出援手，對那個人表示同情；資助這個人，因為他不應被貧窮拖累、為拮据憂心；另一些人雖也需要錢，但我不會給，因為給再多他們也不會覺得夠；我向一些人主動提供幫助，甚至強迫他們接受。我必須小心謹慎，認真記錄每一位接受饋贈者的姓名。「什麼！」你說：「莫非你出手相助是為了日後收回？」不，我只是不想浪費幫助。最好的奉獻就是，不求回報卻能得到回報。

我們當像埋藏寶物那樣保管救濟金，除非必要絕不輕易取出。想想那些有錢人，他們擁有多少救濟別人的機會啊！誰說我只能對羅馬公民大方？自然教育我向全人類行善，不管他是奴隸還是自由人，是生而自由還是日後獲得自由，是法律賦予的自由還是友人出面給予的自由——這些又有什麼區別？有人的地方就能行善。即便在自己家裡，也能找到慷慨解囊的機會。慷慨之所以被稱為慷慨，不是因為它來自自由人，而是因為它源於自由的精神。智者不會對卑鄙和不值得的人慷慨，更不會犯下這樣的錯誤：真正需要幫助的人出現時，自己卻早已兩手空空。

因此，你沒有理由責難追求智慧的人關於榮譽和勇敢的豪言壯語，還應當注意，追求智慧和擁有智慧是兩回事。前者會說：「我的言論固然精彩，但自身還存在眾多惡習。你沒有權力要求我必須達到自己宣揚的標準，現階段我還在自我完善，努力提升自我至理想的高度。這些目標實現之後，你再來要求我知行合一。」

與此同時，已經達到至善高度的人會這樣答覆你：「首先，你無權對比自己優秀的人說三道四。既然有幸讓壞人不悅，這足以證明我的正直。不過，我會和你說說我不憎恨任何人的理由以及我對事物的評判。我不認為財富是好東西，否則它就應該能讓人類向善。能在壞人手中找到的不會是好東西，因此我不用『好』定義財富。不過，我承認財富有用、可取，能讓生活更舒適。」

「既然我們都認同財富是可取之物，我再和你說說不將它歸於好東西的原因以及我們對財富看法的分歧。即便置身豪華的別墅，日常飲食使用金銀餐具，我也不會因此覺得自己了不起。這些東西雖然屬於我，卻不是我的一部分。把我扔在蘇布里辛橋的乞丐堆裡，我也不會因為身處接受施捨的窮人裡就看輕自己。對於隨時可能面對死亡的人類來說，少一塊麵包又如何？那麼，我的結論是什麼？比起蘇布里辛橋，我更願意住大房子！讓我被豪華的傢俱和奢侈的華服包圍，我不會因為擁有柔軟的斗篷、客人能躺在紫色長椅上休息就自視幸福；拿走床墊，我也不會因為疲憊的脖子要倚在乾草堆上休息或是睡在馬戲團破舊不堪的墊子上就覺得自己可憐。我想說的是，相比裸露的肩膀和佈滿傷痕的雙腳，我更願意穿著長袍和鞋子展示靈魂。我希望日子能順應心意，人生能喜事連連，但不會因為這些自高自大。假若將命運的善意換成截然相反的情形，我的靈魂要遭受失落、悲傷和形形色色的不幸，每時每刻都有理由抱怨命運，我也不會因此覺得全天下自己最倒楣，不會去詛咒生命的任何一天。對我來說，沒有哪一天是黑暗的。我要說的重點是：相比於壓抑悲傷，我更願意節制快樂。」

一個蘇格拉底式的哲人會這樣教導你：「讓我征服世界，讓巴克斯的豪華馬車載我凱旋，從太陽升起的地方直達忒拜城，讓各國君王都找我尋求正義。當我被四面八方的人群當作神一樣崇拜時，我會在內心銘記自己只是一介凡人。如果命運急轉直下，我從雲端跌至谷底，被綁在他國的戰車前遊街，為某個自大殘暴的征服者增光添彩，即便如此，被綁在戰車前、任人驅趕的我也不會低三下四，只會像站在自己戰車上那樣傲然挺立。」我想證明什麼？征服和被俘，我更願意選擇前者。我鄙視命運安排的一切，但如果可以，我願意選擇其中較好的部分。發生在我身上的事都會變成好事，但我還是期望生活中更多的是愉悅歡樂、不那麼難以駕馭的事。雖然我們不應理所當然地認為不努力便能實現美德，但有些美德需要鞭策，另一些需要約束。這就好像走下坡時身體要向後收，爬坡時則要加把勁向前，美德也一樣，有些在往下走，有些在往上攀。我們知道，擁有忍耐、堅韌、毅力以及每一種戰勝困難、征服命運的美德，都需要不斷奮鬥、攀登高峰。同樣清晰的是，慷慨、節制和慈悲就像走在下坡路上，在這種情況下，我們需要對靈魂定期檢查，以免它不小心滑倒。但如果換作前者，我們就要用盡力氣鞭策它前行。面對貧困，要調動懂得應戰、頑強不息的美德；面對財富，要調動謹慎節制、踮著腳尖前行還能保持平衡的美德。鑑於不同美德之間的差異，我更願意選擇實踐起來相對平和、不需要流汗流血的美德。「所以，」智者說：「我並非說一套做一套，而是你誤解了我的話——你只聽到我說話的聲音，卻沒有追問其中的含義。」

23

「說來說去，」你說：「既然我們都希望擁有財富，你這位智者和我這個愚人之間的區別到底是什麼？」區別在於，財富是智者的奴隸，是愚人的主人；智者認為財富無關緊要，你覺得財富大於一切；你讓自己適應財富，將其終日抱在懷裡，就好像有人保證過這些財富永不消失一樣；智者坐擁財富時，心裡想的卻恰恰是貧窮。一旦宣戰，即便尚未真正交火，將軍也會做好一切應對準備，不輕信和平。至於你，一座漂亮的房子就能讓你趾高氣揚，彷彿它永不會燒毀坍塌。你被財富深深蠱惑，覺得它能幫你遠離一切風險，抵擋一切命運。你慵懶地消遣著財富，對周圍的風險視而不見，就像被包圍的野蠻人，因為對戰爭器械無知，只能看著忙碌的敵人無所事事，全然不管對手建造高塔的真正意圖。你也是，腰纏萬貫卻悠然自得，對四面八方席捲而來、能隨時將這些昂貴戰利品奪走的威脅視而不見。智者即便財富被偷走，也依然會保全自己的東西，因為他幸福地活在當下，絲毫不擔憂未來。

一個蘇格拉底式的哲人，或是在處理人類事務方面有同等權威和資歷的人會說：「我不會因為你們的意見改變自己的生活，這一點我早就心意已決。那些翻來覆去辱罵和嘲諷的人，你們就儘管放馬過來吧。在我看來，與其說你們在笑話我，倒不如說你們像一群可憐的嬰兒，只知道哀號大哭。」擁有智慧的人才會說出這樣的話。他的靈魂不摻雜罪惡，責備他人不是出於憎惡，而是為了讓他們變好。

他還會補充：「你對我的看法令我難過，不是因為你說了我什麼，而是因為你對自己做了什麼。高聲叫嚷對美德的厭惡，對美德發起攻擊，無疑是放棄了做好人的機會。你不會傷害我，就像推翻祭壇不會傷害眾神。當然，即便沒有力量對我造成傷害，你邪惡的意圖還是顯而易見。我容忍你的胡言亂語，就像偉大傑出的朱比特容忍詩人愚蠢的想像：有人說他長了翅膀，有人說他長了犄角，有人將他描繪成徹夜不歸的風流姦夫，有人說他對眾神殘暴、對人類不公，有人說他玷污生而自由的年輕人甚至他的至親，還有人說他弒殺篡奪別人甚至親生父親的王位。」

這些流言蜚語的作用，就是讓眾人相信，眾神尚且如此，自己那點錯誤就更無須慚愧了。雖然你的侮辱不會傷到我，但為你好，我還是要提出以下忠告：尊重美德，相信長期追隨美德、追求高尚且每天都在變好的人。像敬畏眾神一樣敬畏美德，像尊敬眾神的祭司一樣尊敬她的擁護者。每當神聖的作品被提及，就應將「言語放尊重」。「尊重」一詞並非像多數人猜想的，從「鼓掌」引申而來，恰恰相反，尊重要求我們保持沉默，確保神聖的儀式能夠按恰當的禮儀完成，不被不祥的言語打斷。你必須時刻用這一準則要求自己，確保在祭司傳達神諭時，你能夠屏息凝神、用心傾聽。每當有人手搖撥浪鼓、裝腔作勢地用權威的口氣說話，每當有人手法熟練地弄傷自己、讓手臂和肩膀沾滿鮮血，每當有女人一邊爬過街道一邊號啕大哭，穿亞麻衣服的老人大白天提著燈籠握著月桂枝，高呼某位神已勃然大怒時，你們反倒會聚到一起側耳傾聽，一個個驚得目瞪口呆，以為那才是神的旨意！

24

聽！在那所他曾被關押，因他變得純淨，比任何元老院都高貴的監獄，蘇格拉底曾發出這樣的吶喊：「到底是何種瘋狂和本能，讓你們與眾神為敵、與人類為敵，讓你們誹謗美德，用惡言惡語玷污神聖？關於善良，你們能讚美就讚美，不能讚美就閉嘴。但如果你們偏要以污言穢語為樂，那就儘管去做吧。當你們向上天洩憤時，我不會說『這是在褻瀆神靈』，只會說『這是在浪費時間』。我曾是阿里斯托芬[8]那些笑話的素材，那幫喜劇詩人，恨不得把那點惡毒的幽默都噴到我身上，可他們越是攻擊我的美德，就越令其光芒萬丈，因為公開和考驗會令美德更加不言自明，就像燧石的硬度只有敲打過它的人才清楚一樣，那些因攻擊美德而感知到其力量的人，也會更清

8 Aristophanes，阿里斯托芬，古希臘早期喜劇代表作家，有「喜劇之父」之稱。

楚美德的偉大。海浪從四面八方拍打孤石，但無論如何都無法將它移走；數以千年的衝擊，也無法將其磨損一毫。儘管肆無忌憚地攻擊我吧，我會用忍耐將你們擊敗。攻擊堅固、不可征服的東西，最終傷害的只有自己，還是找些軟弱順從的東西下手吧。」

「要我說，你們竟然還有閒情逸致去搜集別人的不好，對他們品頭論足？『為什麼哲學家要住大房子？為什麼他們的餐桌如此豐盛？』你們就知道盯著別人臉上的痘，卻渾然不覺自己滿身的瘡痍，身上長滿疥瘡，卻還要嘲笑美人的痣和疣。你們笑柏拉圖貪財、笑亞里斯多德收錢、笑德謨克利特輕財、笑伊比鳩魯花錢，還當著我的面抨擊阿爾西比亞德斯和斐德羅斯[9]——可你們卻只在有幸模仿我的惡習時才感到幸福！為什麼不看看自己的罪惡——它們從四面八方席捲而來，有些從外部襲擊，有些在內部肆虐。即便你們毫無自知之明，也應該知道，人類事務還沒淪落到能讓你們花費大把時間，對比你們強的人七嘴八舌的地步。」

9 二人分別為蘇格拉底的至交和學生。

「你們不但不明白，還表現出那種和實際不符的神態，就好像家裡已經出事了，卻還在馬戲團或劇院優哉遊哉地打發時間。壞消息只是暫時還沒傳到你們耳朵裡而已。但我站得比你們高，能看到暴雨將至，很快就會將你們捲走，或者說已經近在咫尺，再進一步就能令你們和你們所擁有的一切毀於一旦。現在，還有必要多說什麼嗎？難道說你們的腦子——或許對此你們還渾然不覺——不正像被颶風裹挾那樣四處亂轉，逃離又追尋著同樣的東西，一會兒被捲上天空，一會兒又被摔進深淵？……」[10]

10 該文其餘部分已失傳。

國家圖書館出版品預行編目(CIP)資料

論生命之短暫：怎樣看待生命、時間，怎樣面對厄運，怎樣獲得幸福的生活／塞內卡著；仝欣譯. -- 初版. -- 新北市：方舟文化，遠足文化事業股份有限公司，2023.09
面； 公分. --（心靈方舟；54）
譯自：On the Shortness of Life
ISBN 978-626-7291-50-4（平裝）

1. CST：塞內卡 (Seneca, Lucius Annaeus)
2. CST：學術思想 3. CST：希臘羅馬哲學

141.75 112011827

心靈方舟 0054

論生命之短暫

怎樣看待生命、時間，怎樣面對厄運，怎樣獲得幸福的生活

On the Shortness of Life

作　　者　塞內卡
譯　　者　仝欣
審 定 者　龔劍制

封面設計　井十二設計研究室
內頁設計　莊恒蘭
主　　編　林雋昀
總 編 輯　林淑雯

出 版 者　方舟文化／遠足文化事業股份有限公司
發　　行　遠足文化事業股份有限公司（讀書共和國出版集團）
231 新北市新店區民權路 108-2 號 9 樓
電話：（02）2218-1417　　傳真：（02）8667-1851
劃撥帳號：19504465　　戶名：遠足文化事業股份有限公司
客服專線：0800-221-029　　E-MAIL：service@bookrep.com.tw
網　　站　www.bookrep.com.tw
印　　製　呈靖彩藝有限公司
法律顧問　華洋法律事務所　蘇文生律師
定　　價　420 元
初版一刷　2023 年 09 月
初版五刷　2024 年 06 月
ISBN 978-626-7291-50-4　書號 0AHT0054

缺頁或裝訂錯誤請寄回本社更換。
歡迎團體訂購，另有優惠，請洽業務部（02）2218-1417#1121、#1124
有著作權．侵害必究

特別聲明：有關本書中的言論內容，不代表本公司／出版集團之立場與意見，文責由作者自行承擔。

本書繁體中文版由上海浦睿文化傳播有限公司通過
四川文智立心傳媒有限公司代理獨家授權。

方舟文化官方網站　方舟文化讀者回函